_____ 님의 사주에 담긴 운명의 비밀을 열고

다가올 천운을 붙잡으시길 바랍니다.

_____ 드림

내 사주는
내가 본다

내 운명은 내가 본다

명리학편

내 사주는
내가 본다

알버트 지음

SOUL SOCIETY

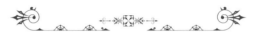

차례

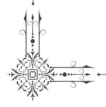

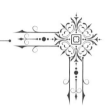

3장 만세력으로 내 사주는 내가 본다 88

4장 일간과 월지로 본 20가지 유형 140

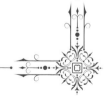

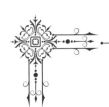

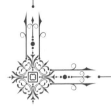

명리학으로 내 운명을
내가 볼 수 있습니다

어린 시절, 저는 무척 이른 나이에 인생의 시련을 겪었습니다. 시작은 부모님의 죽음이었습니다. 두 분은 제가 중학교 1학년 때 교통사고로 한날한시에 세상을 떠나셨습니다. 사업을 크게 하셨던 부모님께서 도와주셨거나 돈을 빌려줬던 사람들은 다들 어디로 갔는지 알 수 없었던 반면, 부모님이 돈을 빌렸던 사람들은 순식간에 집으로 들이닥쳤습니다. 저는 부모님을 잃은 슬픔에 빠질 겨를도 없이 채권자들을 마주해야만 했습니다. 저를 데리고 살게 된 삼촌이 여러 해에 걸쳐 채권 문제를 해결해주셨지만, 저는 그때의 충격으로 1년 반을 멍하니 혼자만의 세계에 갇혀 살았습니다. 한참 예민할 나이에 갑작스러운 단절과 사람에 대한 실망을 겪으면서 저는 세상 모든 것이 부질없다고 느꼈습니다.

이후 시간이 흘러 저는 대학에서 전자공학을 전공하고 전자회사의 엔지니어로 취직했습니다. 매일 새벽부터 밤늦게까지 일하는 와중에도 마음 한 편에는 늘 허무함이 가득했습니다. 인간의 삶이 너무나 뻔해 보였고 사는 게 별것 아니라는 생각이 들었습니다. 치유되지 못한 어린 시절의 상처와 세상에 대한 회의감만 가득했던 어린 아이가 제 내면에 깊숙이 자리하고 있었습니다. 엔지니어로서의 성취감과 회사의 인정조차도 무슨 의미가 있을까 싶은 날들의 연속이었습니다. 그리고 서른 즈음, 회사 선배들의 모습을 보며 '이것이 과연 내가 원하는 삶인가?'라는 본질적인 질문과 마주한 뒤, 저는 진짜 행복을 찾아 새로운 길로 나섰습니다. 그 과정에서 성경도 읽고, 불교대학도 다니고, 심리 상담부터 직업 상담까지 두루 섭렵하며 공부했습니다. 모두 유용한 학문이었으나 안타깝게도 제가 가지고 있는 삶에 대한 수많은 의문들에 온전히 답해주지는 못했습니다.

그러던 차에 저는 우연히 제 삶의 도반을 만나게 되었습니다. 그녀는 삼풍백화점 붕괴사고 현장에서 일주일 동안 건물 잔해 밑에 깔려 있다가 살아난 생존자였습니다. 큰 사고에서 목숨을 구한 이후, 같은 사고를 겪었음에도 불구하고 왜 어떤 이는 살아남고 어떤 이는 죽는지를 두고 오랫동안 질문하고 답을 구해온 분이었지요. 그분을 통해 저는 정신세계와 명상을 접하게 되었습니다. 또한, 타로카드를 배워 많은 사람을 상담하면서 사람들의 다양한 고민과 인생을 보았습니다. 타로 상담을 하며 사주를 공부해보라는 권유도 많이 받았지만, 처음에는 선뜻 마음이 동하지 않았습니다. 사주에 대한 확신이 부족했기 때문입니다. 제가 방황하던 시절에 만났던 함량 미달의 사주 상담가들 때문에 사주에 대한 불신이 생겼는지도 모릅니다.

하지만 운명처럼 저의 귀인이 되어주신 스승님을 만나며 저는 명리학이 우리의 인생을 치밀하게 설계하는 빅데이터라는 사실을 깨닫게 되었습니다. 수천 년간 이어진 동양철학의 핵심이자 기둥인 명리학을 이해하게 되자 놀랍게도 저는 인생 전체를 조망하는 제3의 눈을 가지게 되었습니다. 명리학의 세계는 바다처럼 깊고 우주처럼 광활하기에 하루아침에 배울 수 있는 학문은 아니었습니다. 저는 명리학을 제대로 공부하기 위해 무려 5년간 스승님을 찾아가 수업을 들었고, 엔지니어 시절 하나의 전자기기를 만들기까지 수도 없이 실험을 반복했던 것처럼 수많은 사람들을 상담하고 독학하면서 저만의 명리 상담 기법을 연마해냈습니다.

그렇게 사주 상담을 업으로 삼은 지도 어느새 10년. 그동안 주말도 없이 쉬지 않고 3만 명이 넘는 사람들을 상담해왔습니다. 그중에는 세계적인 스포츠 스타, 재벌 자제들, 고위 정치인과 유명 연예인 등 이름만 대면 알 만한 분들도 계십니다. 특히 정치인과 기업인 분들과는 긴밀하게 관계를 맺고 언제 나아가야 할지, 언제 멈춰야 할지를 주기적으로 자문해드리는 중입니다.

그렇다면 명리학이란 도대체 무엇이기에 수많은 사람들이 자신의 사주를 보러 다니고 인생의 길흉을 점치려 하는 것일까요? 이 질문에 저도 한마디로 답하고 싶습니다만, 수천 년간 명맥을 이어온 학문이 그렇게 간단히 정의될 수는 없는 노릇입니다. 그래서 어설픈 사주는 선무당이나 다름없다고 하는 것이지요.

우주의 태초부터 세계는 항상 율동하는 상태로 변화하고, 뒤엉키고, 호흡합니다. 그것이 우주의 힘, 즉 '에너지'입니다. 이 에너지는 원운동을 하며 앞으로 나아갑니다. 마치 나사못처럼 일정한 방향을 향해 회전하며 나아갑니다. 그리고 우주의 모든 것은 이 에너지의 흐름을 모방하는 작은 에너지의 바퀴입니다. 명리학은 이 작은 에너지의 바퀴들이 맞물리는 한순간, 즉 여러분이 탄생한 순간을 바탕으로 여러분 안에서 돌기 시작한 또 하나의 바퀴에 대한 학문입니다. 이 바퀴는 우리가 첫 울음을 터트리는 순간부터 돌기 시작해서 우리가 자고 있을 때도, 일을 할 때도, 여행을 갈 때도 쉼 없이 돌아갑니다. 마지막 숨을 내뱉을 때까지 이 사주라는 바퀴는 쉬지 않고 돌아가는 것이지요.

살다 보면 이 바퀴가 어느 순간 세상과 잘 맞물릴 때가 있습니다. 어느 날은 삐걱거리기도 합니다. 삐걱거리는 날들이 오래 이어질 수도 있습니다. 그러나 부드럽게 굴러가는 시기도 분명 존재합니다. 다만, 우리의 두 눈으로는 이 바퀴의 움직임을 볼 수 없습니다. 명리학을 배우지 않으면 이 에너지의 흐름을 절대로 알 수 없습니다. 물론, 모든 사람이 이 에너지의 흐름을 두 눈으로 봐야 하는 것은 아닙니다. 보지 않고도 삐걱거리면 삐걱거리는 대로, 부드러우면 부드러운 대로 살아갈 수 있습니다. 대신, 이것 하나만은 말씀드리고 싶습니다. 기름칠을 하지 않은 바퀴와 기름칠을 한 바퀴 중 더 빨리 굴러가는 것은 기름칠을 한 바퀴라는 사실입니다. 나의 바퀴가 삐걱거리는 시기와 부드러운 시기를 눈으로 분명히 볼 수 있으면, 우리는 언제 기름을 치고 언제 속도를 내면 되는지 알 수 있습니다.

예전에 전자회사에서 엔지니어로 일할 때, 제 일의 본질은 매우 단순했습니다. 문제가 있으면 원인을 찾아 해결하고, 문제를 해결할 더 나은 방법이 있으면 그 방법으로 상황을 개선하는 아주 단순한 알고리즘이었지요. 물론, 일을 해나가는 원리가 그러했다는 비유입니다. 실제 일이 돌아가는 상황은 훨씬 더 복잡한 법이니까요. 다만, 확실한 것은 열심히 착실하게 단계를 밟아나가면 상황이 나아진다는 전제였습니다. 이 전제를 따라 저는 더 나은 미래에 도달하기 위해 정말 열심히 살아왔습니다.

그러나 열심히 사는 것이 전부는 아니었습니다. 아무리 열심히 달린다고 해도 애초에 방향이 잘못되면 원하지 않는 장소에 도착하게 됩니다. 쉴 때와 달릴 때를 구분하지 못하고 에너지의 흐름을 거스르다 결국 방전되어서 멈춰버릴 때도 생깁니다. 그러나 이제는 압니다. 세계는 수많은 바퀴의 기막힌 합주라는 사실을요. 이 합주가 아름다운 선율이 되도록 타고난 에너지의 흐름에 따라 살아가야 한다는 것을요. 명리학을 활용하지 못했을 때는 미래에 대한 막연한 두려움, 걱정과 불안에 시달렸습니다. 그러나 명리학을 통해 내 삶 전체를 조망할 수 있게 된 뒤로는 확신과 자신감을 갖게 되었습니다.

내가 원하는 특정한 장소로 이동하려면 정확한 지도를 봐야 하는 것처럼 삶의 목표를 이루려면 삶 전체를 조망할 줄 알아야 합니다. 이때 내 인생의 지도 역할을 해주는 것이 내가 타고난 사주입니다. 사주는 사람마다 모두 다릅니다. 우리는 모두 자신만의 특별한 사주를 가지고 태어납니다. 나의 사주를 명리학을 바탕으로 해석할 줄 알면 내가 가진 자질, 특성, 그리고 내 인생의 전반적인 흐름을 모두 알 수 있습니다.

미래에 대한 두려움으로 삶이 고통스럽다면 명리학 공부를 적극적으로 권합니다. 명리학을 통해 우리는 인생을 경영하고 미래의 계획을 세울 수 있습니다. 지도를 보고 내가 가야 할 길을 미리 알아두는 것처럼, 나의 명(命)을 살펴보고 인생을 미리 조망하는 일이 가능해집니다. 명리학은 삶의 조언자이자, 자기만의 길을 걸어가는 모든 사람을 위한 인생의 지도입니다. 그리고 그 지도는 먼 곳에 있지 않습니다. 바로 여러분 안에 이미 존재합니다. 여러분이 해야 할 일은 단 하나. 그 지도를 볼 줄 아는 제3의 눈을 뜨는 것뿐입니다. 에너지의 바퀴가 흘러가는 흐름에 맞서지 않고, 그 흐름 위에 올라타 나에게 부여된 운명의 흐름을 깨닫는 것입니다.

게다가 명리학은 직관력과 삶의 지혜를 계발하고 훈련할 수 있는 좋은 도구입니다. 인생의 어느 시점에 무엇을 하면 좋을지, 어려움이 닥쳤을 때 어떤 선택을 해야 무사히 넘길 수 있을지, 현재 상황에서 어떤 선택을 하면 더 큰 결과를 얻을 수 있을지 등을 명리학을 통해 읽어낼 수 있기 때문입니다. 나의 강점과 약점은 무엇인지, 내 능력을 가장 많이 펼칠 수 있는 환경이 무엇인지도 알아낼 수 있음은 물론입니다. 하지만 명리학은 그 역사가 아주 오래된 만큼 공부해야 할 영역도 매우 깊고 방대합니다. 따라서 처음부터 명리학의 모든 것을 독파하기란 불가능합니다. 모든 배움이 다 그렇지만, 명리학 역시 가장 기초적인 것부터 차근차근 배워나가야 합니다. 그렇게 명리학의 기본 개념들을 잘 익히고 난 뒤에는 이를 바탕으로 데이터를 스스로 해석하는 능력도 키워야 합니다.

이 책은 명리학의 가장 기본이 되는 오행의 개념을 초심자들이 받아들이기 쉽도록 쓰였습니다. 오행을 조금 더 확장하여 계절의 개념을 가볍게 설명하고, 계절과 연결시켜 자신의 성향을 파악하고 이해할 수 있는 가장 기초적인 방법을 제안하고 있습니다. 이를 위해 사계절과 오행으로 20가지 유형을 조합해 사람의 성향을 이해할 수 있도록 정리했습니다. 사주명리학에 입문하는 분들이라면 이 책에서 제시하고 있는 개념들만 제대로 익히셔도 기초를 튼튼히 하는 데 부족함이 없으실 것입니다.

부디 이 책이 우주의 에너지가 흘러가는 원리를 전달해드리는 지도가 되어 여러분의 삶을 바꾸는 계기가 되기를 기원합니다.

2023년 6월

알버트

명리학,
이것만은 알고 시작하자

명리학을 배우면
인생이 잘 풀리는 이유

한 치 앞도 알 수 없는 미래를 미리 알고, 그것에 대비해 현실의 두려움을 잠재우고 싶은 인간의 마음은 예나 지금이나 같습니다. 명리학은 이처럼 변화무쌍한 세상을 이해하고 그 변화의 흐름을 예측하기 위해 만들어진 학문입니다. 그렇다고 해서 명리학이 단순히 미래를 점치는 점술인 것은 아닙니다. 그렇게 생각하는 분들을 만날 때마다 명리학 전문가로서 안타까운 마음이 듭니다. 제가 생각하는 명리학은 나름의 체계와 역사를 지닌 학문이자 나 자신을 포함한 세계 전체를 읽어내는 도구이기 때문입니다.

변화를 예측하려면 과거의 데이터를 바탕으로 우주 만물이 변화하는 근본 원리를 알아야 합니다. 미래는 과거, 현재와 단절된 시간이 아닙니다. 과거에서부터 현재까지 이어져온 흐름은 미래의 흐름과도 이어집니다. 그러므로 자신의 미래를 알고 싶다면 내가 지나온 과거와 지금 보내고 있는 현재를 제대로 파악해야 합니다. 명리학을 점술로만 바라보는 관점은 과거와 현재에 대한 직시 없이 미래만 알고자 하는 태도에 가깝습니다. 반면, 명리학을 나 자신을 포함해 세계의 흐름을 읽어내는 도구로 바라보면 우리는 과거와 현재, 그리고 미래를 한눈에 조망할 줄 아는 큰 시선을 가지게 됩니다. 그리고 그런 시선을 갖게 되었을 때 비로소 이번 생에서 나에게 주어진 운명을 근본적으로 깨닫고, 그 운명 위에 부드럽게 올라타 편안한 마음으로 가장 나다운 삶을 살아갈 수 있습니다.

명리학은 인류가 쌓아온 수천 년의 빅데이터를 귀납적으로 분석해서 세상이 움직이는 근본 원리를 도출해낸 동양 문화권의 알고리즘입니다. 오랫동안 누적된 인간과 환경에 대한 데이터의 평균치인 셈입니다. 오래전부터 인류는 계절과 밤낮의 변화를 비롯해 다양한 자연현상을 면밀히 관찰해왔습니다. 변화무쌍한 자연을 제대로 파악해야만 그에 대비해 안전한 삶을 살아갈 수 있었기 때문입니다. 기술이 발달한 지금도 엄청난 자연재해 앞에서 인류는 속수무책일 때가 많습니다. 하물며 인류를 보호해줄 도구가 지금보다 턱없이 부족했던 옛날에는 자연현상을 제대로 파악하는 것만이 다가올 미래를 대비할 수 있는 유일한 방법이었을 것입니다.

그처럼 수천 년간 이어진 관찰 결과, 옛사람들은 태동이 있은 후에는 성장의 시기가 도래하고, 성장의 시기가 지난 후에는 결실을 맺는 시기가, 또 그 후에는 소멸과 또 다른 새로운 시작이 이어짐을 발견했습니다. 상승(양)과 하강(음)이 끊임없이 반복되는 순환의 원리입니다. 또한, 우주 만물에 존재하는 에너지의 형태를 그 성질에 따라 크게 다섯 가지로 분류했습니다. 목(木), 화(火), 토(土), 금(金), 수(水)가 바로 그것입니다. 고대 서양에서는 우주 만물을 구성하는 요소로 '불, 물, 흙, 공기'의 4원소를 꼽았다면, 동양 문화권에서는 '나무, 불, 흙, 쇠, 물'을 우주 만물을 이루는 원소로 보았습니다. 명리학에서는 이와 같은 관점을 각각 '음양'과 '오행' 이론으로 체계화했습니다. 명리학 초심자라고 할지라도 이 두 가지 개념과 이론만 제대로 익힌다면 자신의 운명을 스스로 볼 수 있는 눈을 뜰 수 있습니다. 이 책이 깊고 방대한 명리학의 내용 중 음양과 오행의 이해에

초점을 맞춘 이유도 그 때문입니다.

미래를 한눈에 조망할 줄 알게 되면 우리 삶에 어떤 이점이 있을까요? 저는 명리학이 덧셈을 곱셈으로, 뺄셈을 나눗셈으로 만들어주는 도구라고 생각합니다. 좋은 것은 더 좋게 만들어주고, 나쁜 것은 최소한으로 줄일 수 있도록 미리 안내를 해주기 때문입니다, 즉, 명리학을 공부하면 우리는 인생의 매 순간마다 더 나은 선택을 할수 있습니다. 가령, 투자를 계획하고 있다고 칩시다. 어느 시점에 어떤 분야에 얼마를 투자할지 결정해야 하는 상황에서 명리학을 활용해 정세와 시장의 흐름, 자신의 운을 읽어낸다면 1천만 원만 얻을수익을 1억 원으로 만들 수도 있습니다. 무작정 투자를 하는 것이 아니라 그간의 흐름을 파악하고 적절한 때를 알아냄으로써 수익을 극대화하는 것이지요.

어려움을 넘기는 방식도 이와 비슷합니다. 내 운의 흐름상 몇 년뒤 큰 시험을 앞두고 아플 수도 있음을 알게 된다면, 몸이 쇠약해지기 전에 미리 건강을 챙겨서 큰 탈에 대비하는 것이 가능해집니다. 이러한 예방의 노력이 나에게 닥칠 모든 불행을 100% 막아주지는 못할 수도 있습니다. 하지만 이런 사실을 전혀 알지 못했다면 기존의 생활 방식을 고수하면서 다가올 미래에 더 큰 건강상의 타격을 입을 가능성이 높았을 것입니다. 쉽게 말해 명리학을 공부하면 한 번뿐인 인생에 리허설의 기회가 주어지는 셈입니다.

단 한 번뿐인 삶을 미래에 대한 두려움에 사로잡힌 채 전전긍긍하며 보내고 싶은 사람은 없을 것입니다. 자신의 타고난 기질을 주어진 환경 속에서 최대한 발휘하며 걱정 없는 삶을 살아가고 싶은 것은 모든 사람의 소망입니다. 그 과정에서 부와 명예, 좋은 인간관계를 두루 성취할 수 있다면 더할 나위 없는 삶일 것입니다. 명리학은 여러분들이 이러한 삶에 보다 더 가까워질 수 있도록 안내해주는 탁월한 내비게이션입니다. 그것도 수천 년에 걸친 인류의 지혜가 고스란히 압축되어 담긴 고도의 알고리즘이지요.

그뿐만이 아닙니다. 명리학 공부를 하면 나 자신을 제대로 이해할 수 있게 됩니다. 인간은 우주 만물의 일부이기도 하지만, 또 저마다가 하나의 소우주입니다. 명리학을 공부하면 나도 몰랐던, 나를 이루고 있는 주요한 기질은 무엇인지, 그 에너지의 흐름과 방향, 속도는 어떠한지를 깨닫게 됩니다. 또한, 어떤 환경 속에서 그 에너지가 더 긍정적인 방향으로 발현되는지, 그 반대의 경우는 어떠한지도 이해하게 됩니다. 자연스레 내가 취해야 할 행동, 내가 있어야 할 장소, 적극적으로 움직여야 할 때와 잠시 멈춰서 추슬러야 할 때를 분별할 줄 알게 됩니다.

여기서 한발 더 나아가면 나의 장점과 단점을 있는 그대로 수용하게 될 뿐만 아니라 인생에는 상승의 시기와 하강의 시기가 두루 존재함을 인정하게 됩니다. 그러면 기쁜 일 앞에서도 경거망동하지 않고 겸손하게 되며, 어려운 시기에도 좌절하지 않고 그 시간을 현명하게 통과할 줄 아는 용기를 발휘하게 됩니다. 내게 주어진 운명을 직시해 더 나은 상황을 모색하는 지혜를 펼치게 됩니다. 그 결과, 내 삶을 가장 나다운 모습으로 살아가게 됩니다. 두려움과 걱정에 얽매임 없이 타고난 모습 그대로 자유롭게 살아가는 인생이야말로 우리가 바라는 궁극적인 행복한 삶이 아닐까요? 이것이 바로 명리학이 삶을 운용하는 탁월한 도구라는 말의 의미이자 명리학을 배우면 인생이 잘 풀리는 이유입니다.

명리학을 활용하기 전
꼭 해야 하는 일

앞서 명리학은 삶을 운용하는 탁월한 도구라고 정의했습니다. 명리학을 잘 활용하면 불확실한 미래를 든든히 대비하여 삶의 안정성을 높이고, 행복한 삶을 살아가는 데 큰 도움이 됩니다. 하지만 도구는 말 그대로 수단일 뿐입니다. 수단이 목표를 앞질러간다거나 넘어설 수는 없는 법입니다. 한마디로 명리가 내 삶을 이끌게 할 것이 아니라, 내 삶을 잘 이끌어나가기 위한 수단으로 명리학을 지혜롭게 활용해야 합니다. 그런데 만일 이 도구에 의존하게 되면 어떤 일이 벌어질까요? 나의 과거와 현재, 미래의 흐름을 전체적으로 조망해 내게 주어진 삶을 주체적으로 잘 살아나가려 하기보다는 그날그날의 운세에만 매달려 일희일비할 것입니다. 혹은 자신에게 주어진 오행의 조합을 바꿀 수 없다는 사실에 좌절해 자기 계발을 포기할 수도 있습니다.

하지만 이 세상에 절대적인 것은 존재하지 않습니다. 절대적인 해석도, 절대적인 운명도 없습니다. '사주팔자를 통해 운명을 해석하고 미래를 예측하는 것은 미래에 대한 힌트를 얻기 위함이다' 정도로 받아들여야 합니다. 그 결과를 무조건 맹신하고 휘둘린다면 명리학을 공부하는 의미가 반감됩니다. 미래를 예측하는 일의 궁극적인 목적은 미래를 대비하는 것입니다. 그런데 그 미래가 내 기대와 달리 암울하다고 해서 손을 놓고 무방비 상태가 되어버린다면, 혹은 내 예상과 달리 너무 좋은 결과가 예정되어 있다고 해서 그것만 믿고 어떠한 노력도 기울이지 않는다면, 그 사람의 미래는 과연 어떨까요? 그는 정해진 미래를 그대로 맞이할 수 있을까요?

명리학은 미래로 향하는 다양한 길 중 하나를 알려주는 내비게이션일 뿐입니다. 내비게이션의 기능은 목적지로 가는 가장 빠르고 효율적인 길을 알려주는 것입니다. 단지 그뿐입니다. 운전을 하는 것은 내비게이션이 아니라 나 자신입니다. 또한, 운전자는 내비게이션이 알려주는 대로 운전하지 않습니다. 운전을 하는 동안 상황에 따라 자기만의 선택을 내리며 주행합니다. 내비게이션은 그 길에 좋은 참조가 되어줄 뿐입니다. 우리 인생도 마찬가지입니다. 사주는 내가 타고난 기질적 특징과 전반적인 운의 흐름 등이 담긴 정보입니다. 명리학은 그 정보값을 특정한 원리에 기준해서 읽어내는 방법론이고요. 하지만 그로부터 얻은 최종 데이터를 어떻게 활용할지는 온전히 나의 선택에 달려 있습니다.

그러므로 명리학을 배워 내 사주를 읽고 활용하기 전에 이 문장을 꼭 기억하시기를 바랍니다. '내 인생은 내 것이다.' 명리학이 삶의 모든 문제를 해결해주지는 않습니다. 운을 볼 줄 알게 됨으로써 더 나은 삶을 모색하고자 한다면 그전에 내 삶에 대한 주인 의식을 먼저 갖춰야 합니다. 그게 마땅한 순서입니다. 그래야만 나의 사주 팔자를 해석한 결과를 내 삶에 주체적으로 이용할 수 있습니다. 같은 맥락에서 명리학을 올바르게 활용하고자 한다면, 자신의 콤플렉스나 내밀한 비밀, 부끄러운 치부, 아픈 기억까지도 온전히 마주해야 합니다. 굉장한 용기가 필요한 일이지요. 하지만 그렇게 나의 어두운 면까지 끌어안을 때 비로소 내 삶의 온전한 주인으로 살아갈 수 있습니다.

이와 같은 맥락에서 사주를 오행으로 해석하는 방법을 배우기에 앞서 꼭 해야 하는 일이 있습니다. 자신의 과거를 찬찬히 따져보는 시간을 갖는 것입니다. 명리학을 통해 사주를 정확히 읽어내려면 오행의 흐름을 읽어내는 감을 충분히 발달시켜야 합니다. 이 훈련을 하는 데 내가 지나온 삶이 아주 중요한 자료로 활용됩니다. 운을 파악하는 법을 배우는 과정은 귀납적으로 이뤄지기 때문입니다. '오행 에너지의 흐름이 이러이러해서 앞으로 어떤 일이 일어날 것이다'라는 해석을 내놓을 수 있으려면, 역으로 '이 일이 일어난 이유는 이 시기에 오행 에너지의 흐름이 이러이러해서이다'라고 추론할 줄 알아야 합니다. 그러나 이와 같은 연습을 위해 모르는 사람의 사주를 해석하며 맞았는지 틀렸는지 공부할 수는 없는 노릇입니다. 비효율적일뿐더러 좋은 수련 방법이 아닙니다. 즉, 가장 좋은 훈련법은 자신의 사주와 자신에게 벌어진 과거의 사건을 비교, 분석해보는 것입니다.

내 인생을 돌아보는 방법에는 여러 가지가 있지만, 그중 가장 추천하는 방법은 인생 그래프를 그려보는 것입니다. 방법은 간단합니다. 먼저 A4 용지 등 빈 종이를 한 장 준비한 뒤, 펜으로 가로축과 세로축을 종이에 꽉 차도록 그립니다.

가로축은 시간의 선으로 나이나 연도를 적습니다. 세로축은 삶의 만족도로 내 인생에서 일어난 주요한 사건들에 대한 내 감정이나 당시 상황과 결과 등을 바탕으로 플러스(+) 영역 또는 마이너스(−) 영역에 적절한 위치를 잡아 점을 찍습니다. 인생 그래프를 완성했다면, 이제는 인생 그래프를 바탕으로 자신이 밟아온 지난 삶의 궤적을 깊이 들여다볼 차례입니다. 어떤 시기에 어떤 일을 겪었

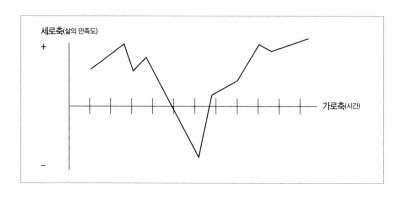

느지, 그때의 느낌은 어떠했는지를 떠올리고 그 결과를 지금 시점에서 다시 생각해봅니다. 좋은 일이 일어났다면 언제 어떻게 기회를 얻게 되었는지도 따져봅니다. 누구를 만나서 어떤 영향을 받았는지도 상세히 기록하면 좋습니다.

그다음, 그 궤적이 내가 타고난 운과 얼마나 일치하는지 해석합니다. 도전하기 좋은 시기에 도전했었는지, 한숨을 돌려야 할 시기에 충분히 쉬었는지 등을 견주어보는 것이지요. 그래서 시기적절하게 했던 일의 결과는 어땠고, 그렇지 않았던 경우는 어땠는지, 당시에 나는 내게 닥친 어려움을 어떻게 해결했는지를 나의 사주와 비교해보는 것입니다.

이런 과정을 거치면 오행 에너지의 흐름이 자신의 운명에 어떻게 반영되었는지 알 수 있습니다. 또한, 문제에 대처하는 자신의 성향도 파악할 수 있습니다. 이렇게 나의 과거와 내가 타고난 성향을 파악하고 나면 나의 사주를 통해 미래를 예측하는 일이 한결 더 수월해집니다. 이런 수행과 훈련이 반복된다면 나중에는 자신의 사주뿐만 아니라 배우자, 자식, 부모님 등 가까운 지인을 비롯해 다른 사람의 사주도 살펴서 그들의 삶에 유용한 조언을 해줄 수 있는 경지에도 이를 수 있습니다.

명리학의 근본 원리: '순환'과 '음양'

모든 학문에는 근간이 되는 기본 개념이 존재합니다. 명리학에서는 '순환'과 '음양'이 바로 그것입니다. '우주 만물은 상승(양, +)과 하강(음, -)을 끊임없이 반복한다'는 순환과 음양의 세계관을 이해하는 것이야말로 명리학으로 다가가는 첫걸음입니다.

우선, 순환의 개념을 쉽게 파악하기 위해 서양철학과 비교하여 설명해보겠습니다. 서양철학을 관통하는 핵심 문법은 이분법입니다. 서양의 이분법은 말 그대로 세상을 두 개로 양분합니다. 선과 악, 옳고 그름, 좋고 나쁨, 형이상학과 형이하학처럼 말이지요. 이분법의 세계관에서는 위계, 시작과 끝이 존재합니다. 동양철학의 문법은 이와 다릅니다. 동양철학에서는 시간의 흐름부터 자연현상까지 모두 순환이라는 개념으로 설명합니다.

한자의 구성을 살펴보면 '순환'이란 단어는 '좇을 순(循)' 자와 '고리 환(環)' 자로 이루어져 있습니다. 글자 그대로 풀이하면 '고리를 좇는다'라는 의미입니다. 고리를 따라 좇으면 어떻게 될까요? 끝없이 고리를 따라 돌고 또 돌게 될 것입니다. 즉, 순환은 돌고 돈다는 의미입니다.

원을 상상해봅시다. 원은 시작점과 끝점이 없습니다. 원을 이루는 테두리는 원의 중심에서부터 모두 동일한 거리에 있습니다. 어느 점이 더 멀리 있거나 어느 점이 더 가까이 있지 않습니다. 따라서 원에는 꼭짓점이 없습니다. 순환의 세계관에서는 모든 일에 시작과 끝이 없고 모든 순간이 위계 없이 동등합니다.

앞에서 동양의 옛사람들은 우주 만물에 존재하는 에너지의 형태를 그 성질에 따라 크게 다섯 가지―목(木), 화(火), 토(土), 금(金), 수(水)―로 분류했다고 언급했습니다. 얼핏 생각하면 이는 우주 만물을 다섯 가지 항목으로 나눈 것처럼 보입니다. 하지만 동양철학에서는 이들의 관계를 꼭짓점이 있는 도형의 모습으로 파악하지 않습니다. 이들 개념은 원형의 고리를 이루며 순환합니다.

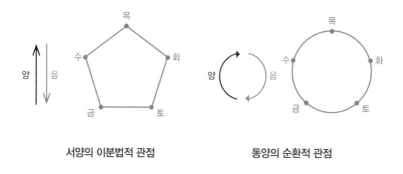

서양의 이분법적 관점   동양의 순환적 관점

현대인에게 익숙한 서양철학의 관점에서는 음양과 오행을 왼쪽 그림과 같은 형태로 볼 것입니다. 가령, 음양의 경우에 음은 하강하는 부정의 의미로, 양은 상승하는 긍정의 의미로 해석할 것입니다. 오행의 경우에도 플라톤의 다면체 개념처럼 각각의 개별 원소로 인식할 것입니다. (고대 그리스 철학자인 플라톤은 정사면체, 정육면체, 정팔면체, 정십이면체, 정이십면체를 각각 우주를 구성하는 원소인 불, 흙, 공기, 물에 대응시켰습니다.)

하지만 동양철학의 순환적 관점에서는 음과 양, '목(木), 화(火),

토(土), 금(金), 수(水)'가 앞의 오른쪽 그림과 같이 원의 형태로 끝없이 서로의 꼬리를 좇으며 돌고 돕니다. 여기에서는 시작과 끝이 무의미합니다. 음은 양이 되고, 양은 다시 음이 됩니다. 수(水)는 목(木)이 되고, 목(木)은 화(火)가 되며, 화(火)는 토(土)가 되고, 토(土)는 금(金)이 됩니다. 금(金)은 수(水)가 되고, 수(水)는 다시 목(木)이 되는 흐름입니다. 동양철학의 세계관에서 음양오행은 개별적으로 존재하는 요소가 아니라 하나의 흐름입니다. 동양철학의 세계관을 바탕으로 하는 명리학에서는 음양과 오행의 거듭되는 순환을 이 세계를 굴러가게 하는 동력이자 원리로 바라봅니다. 순환 그 자체가 바로 세상을 이끄는 에너지라고 보는 것입니다.

동양철학의 이러한 순환 개념이 잘 드러나는 예시가 바로 태극 무늬입니다. 태극무늬의 윗부분은 양을 상징합니다. 붉은색으로 양의 기운을 표현했습니다. 태극무늬의 아랫부분은 음을 상징합니다. 푸른색으로 음의 기운을 표현했습니다. 그런데 이 태극무늬는 위아래가 딱 절반으로 나뉜 모습이 아니라 마치 서로 다른 두 색의 물방울이 섞여드는 모습으로 표현됩니다. 붉은색의 양은 위에 위치해 있지만 둥근 머리를 아래로 향하고 있고, 푸른색의 음은 아래에 위치해 있지만 둥근 머리를 위로 향하고 있습니다. 태극기의 태극무늬는 음과 양이 순환하는 모습을 시각적으로 형상화한 대표적인 문양입니다.

앞서도 언급했지만, 순환의 세계관에서는 위계가 존재하지 않습니다. 그래서 음과 양 중에서 더 좋고 더 나쁜 것은 없습니다. 음은 하강하는 에너지이고, 양은 상승하는 에너지일 뿐입니다. 과학 수업 시간에 배웠던 물의 순환이라는 개념을 떠올리면 이해가 한결 쉽습니다. 물은 위에서 아래로 흐릅니다. 이것은 중력이 작용하는 지구상 어디에서든 항상 성립하는 과학적 사실입니다. 그런데 물이 아래로만 흐른다면 아래에 도달한 물은 어떻게 되는 것일까요? 위에 있던 물이 모두 아래로 흘러가버리고 말았다면 이미 오래전 산등성이에서는 더 이상 샘물이 솟아오르지 않았을 것입니다. 그러나 계곡물은 마르지 않고 아래로 끊임없이 흐릅니다. 아래로 흘러간 물이 형태를 바꾼 채로 그 위치가 변화했기 때문입니다. 아래로 흘러 바다에 도달한 물은 태양열에 의해 증발합니다. 수증기가 되어 하늘 위로 올라가는 것이지요. 하늘에 올라간 수증기는 서로 뭉쳐 비구름이 됩니다. 이 비구름이 무거워지면 비가 되어 다시 땅으로 내려옵니다.

이처럼 물의 순환은 상승과 하강을 반복해서 보여줍니다. 그렇다면 이 과정에서 벌어지는 여러 자연현상 중 무엇이 더 우월하고 좋은 현상인가요? 이는 대답할 수 없는 질문입니다. 물이 상승하고 하강하는 것은 자연의 이치이지, 좋고 나쁨을 가를 수 있는 도덕적인 문제가 아니기 때문입니다. 이와 마찬가지로 낮과 밤 역시 양과 음의 순환을 보여줍니다. 양의 기운을 가진 태양이 하늘을 동쪽에서 서쪽으로 가로지르면, 그 뒤 음의 기운을 가진 달이 하늘을 차지합니다. 그러다 다시 때가 되면 양의 기운을 가진 태양이 떠올라 하늘을 차지합니다. 만약 하늘 위에 항상 태양만 떠 있다거나 혹은 항상 달만 떠 있다면 이 지구는 어떻게 되었을까요? 너무 뜨겁거나 너무 차가워서 어떠한 생물도 살 수 없는 곳이 되었을 것입니다.

　낮과 밤의 순환처럼 음양의 순환은 막힘없이 고루 이루어져야 합니다. 음과 양은 서로를 상호 보완하는 관계입니다. 두 개념을 대립되는 개념으로 볼 것이 아니라 서로가 서로를 보완하는 개념이라고 봐야 자연스럽습니다. 양이 밖으로 뻗치는 기운이라면 음은 안으로 뻗치는 기운입니다. 양이 상승하는 기운이라면 음은 하강하는 기운입니다. 양이 뜨거운 기운이라면 음은 차가운 기운입니다. 동양철학에서는 음과 양의 두 기운이 조화롭게 순환하는 가운데 우주 만물이 운영된다고 봅니다. 그리고 우리의 삶의 바퀴도 이 거대한 순환의 흐름을 따라 굴러갑니다. 그 흐름을 읽어내는 것, 그리하여 그 흐름에 자연스럽게 올라타 가장 나다운 삶을 살아갈 방법을 모색하는 것. 그것이 명리학 공부의 본질이자 목적입니다.

운명학을 더욱 다채롭게 알아보고 싶다면?
소울클래스와 소울소사이어티를 만나보세요!

 소울이 있는 배움,
소울클래스
soulclass.kr

운명학, 명상, 심리, 자기 계발 강의에 특화된 온라인 강의 플랫폼 소울클래스에서 사주, 타로, 주역, 손금, 점성학을 포함한 다양한 강의를 만나보세요!

독자님을 위한 특별한 혜택
소울클래스 10% 할인 쿠폰 코드: 내사내본

소울클래스(soulclass.kr) 회원 가입 후, 오른쪽 상단 MY-쿠폰 등록하기 메뉴에서 쿠폰 코드 '내사내본' 입력 후 원하시는 수업을 선택하신 다음, 수강 신청 시 '쿠폰 적용하기'에서 해당 쿠폰을 선택하시면 할인된 금액으로 결제가 가능합니다.

 소울이 있는 만남,
소울소사이어티
soulsociety.kr

다양한 타로카드, 오라클카드 및 도서를 만나보세요!

☆ 타로카드 : 소울 웨이트 타로카드, 유니버셜 웨이트 타로카드

☆ 오라클카드: 소울스타카드, 소울주역카드, 소울메세지카드, 잘될 운명 확언 카드

☆ 관련 제품: 스프레드천 등

명리학의
기초 다지기

사주팔자란
무엇인가?

사주는 우리가 태어나는 순간, 우주로부터 부여받은 운명의 암호입니다. 사주의 여덟 글자는 한 사람의 생애를 담고 있는 코드이자 지문으로 생년월일시에 따른 개개인의 특징을 상징한다고도 볼 수 있습니다. 모든 사람은 자신만의 고유한 사주를 가지고 있으며, 명리학을 통해 자신의 성격과 기질에서부터 인간관계, 진로 등의 생의 전반적인 운명까지 점칠 수 있습니다. 무엇을 피해야 하고 무엇을 가까이 해야 하는지, 앞으로 어느 시점에 어떤 일이 일어날지도 추측할 수 있습니다. 또한, 궁합을 통해 다른 사람과의 관계도 점칠 수 있습니다.

사주(四柱)는 한자로 '네 개의 기둥'이라는 뜻입니다. 사람을 집으로 비유했을 때, '생년', '생월', '생일', 그리고 '생시'를 각각 그 집을 떠받치는 기둥으로 봅니다. 그러한 관점에서 생년을 연주(年柱), 생월을 월주(月柱), 생일을 일주(日柱), 생시를 시주(時柱)라 부르고 이를 합해서 '4개의 주=사주(四柱)'라 부릅니다. 전통적으로 동양 문화권에서는 글을 쓸 때 위에서 아래로 세로쓰기를 했습니다. 한 사람의 사주를 적을 때도 생년월일시를 세로로 나열해 썼는데, 그 모습이 마치 기둥과 같다 해서 '사주'라고 이름을 붙였습니다.

사주는 '팔자(八字)'라고도 부릅니다. 한자 뜻 그대로 '여덟 개의 글자'라는 의미입니다. 이 명칭 역시 상당히 직관적입니다. 한 사람의 사주는 생년에 해당하는 두 글자, 생월에 해당하는 두 글자, 생일에 해당하는 두 글자, 그리고 생시에 해당하는 두 글자로 이루어져 있기 때문입니다. 이를 모두 합하면 여덟 개의 글자, 즉 '팔자'이지요. 그래서 '사주팔자'라고도 부릅니다. '사주팔자', '사주', '팔자'는 모두 같은 말입니다. 명리학에서는 사주팔자를 '원국(原局)'이라고 부릅니다.

사주의 구성

사주의 여덟 글자는 천간(天干)과 지지(地支)로 구성됩니다. 천간은 하늘의 기운을 상징하는 기호로 오행을 각각 음과 양으로 나누어 만든 10자입니다. 우리가 흔히 일상에서 숫자 대신 순서를 나타낼 때 사용하는 '갑(甲)·을(乙)·병(丙)·정(丁)·무(戊)·기(己)·경(庚)·신(辛)·임(壬)·계(癸)'가 천간입니다. 지지는 우리가 흔히 '십이지(十二支)'로 알고 있는 것으로 '자(子)·축(丑)·인(寅)·묘(卯)·진(辰)·사(巳)·오(午)·미(未)·신(申)·유(酉)·술(戌)·해(亥)' 12자를 가리킵니다. 천간이 하늘의 기운을 상징한다면, 지지는 인간사(땅)의 많은 의미를 담고 있습니다. 10개의 천간과 12개의 지지를 순서대로 조합해나가면 총 60개의 간지(干支)가 만들어집니다. 이것을 '육십갑자(六十甲子)'라고 부릅니다. 천간 10자와 지지 12자의 뜻과 육십갑자에 대해서는 다음 장에서 구체적으로 설명하겠습니다. 시주, 일주, 월주, 연주는 모두 육십갑자 중 하나로 나타냅니다.

지금까지 설명한 것들을 표로 정리하면 다음과 같습니다.

시주(時柱)	일주(日柱)	월주(月柱)	연주(年柱)	
시간(時干)	일간(日干)	월간(月干)	연간(年干)	→ 천간
시지(時支)	일지(日支)	월지(月支)	연지(年支)	→ 지지

사주팔자의 구성

사주팔자의 명리적 해석에 있어서 여덟 글자 모두 중요하지만, 가장 중심이 되는 것은 월지와 일간입니다(표에서 강조한 부분).

월지는 태어난 달의 지지를 의미합니다. 이 칸에 있는 글자는 다른 7개의 글자보다 두세 배의 가중치를 적용해 읽어냅니다. 그렇다면 사주에서 태어난 월을 가장 중요하게 생각하는 이유는 무엇일까요? 자연 만물은 온도, 습도, 일조 등의 기후 요소가 알맞게 유지되어야 생장합니다. 이 기후 요소에 인간 역시 큰 영향을 받습니다. 세계의 전통 가옥이나 의복, 음식을 보면 기후의 영향을 크게 받는다는 사실을 알 수 있습니다. 추운 극지방에서는 얼음집에 살며 털가죽으로 만든 옷을 입고 삽니다. 더운 열대 지역에서는 수상 가옥에 살며 식물로 만든 얇은 천으로 된 옷을 입고 삽니다. 기후는 인간의 의식주에 지대한 영향을 미치는 요소입니다. 즉, 인간은 태어나서 첫 숨을 들이켤 때뿐만 아니라 살아가는 내내 기후의 영향권 아래에서 살아갑니다. 한 사람을 이해하기 위해서는 그 사람이 태어나 살아온 기후를 이해해야만 하는 이유입니다.

이처럼 한 사람이 나고 자란 기후와 가장 밀접한 관련이 있는 사주팔자는 월지입니다. 땅(地)에서부터 온 기운 중 월(月)에 해당하는 기운인데요, 월이라는 요소는 곧 계절을 나타냅니다. 계절은 일정한 주기를 띠며 순환합니다. 비슷한 시기에 비슷한 기후가 찾아오지요. 이 시기를 나타낸 것이 월입니다. 시지와 일지는 너무 짧은 순간이라 금방 바뀌고 마는 날씨에 머무릅니다. 기후가 아닌, 매 순간 바뀌는 바람의 방향이나 강수량, 일조량 등이지요. 그래서 그 사람의 삶을 구성할 정도의 영향력을 미치지는 않습니다. 태어난 날에 비가 온다 한들 평생 비가 오는 것은 아니니까요. 연지도 마찬가지입니다. 1년 동안 계절은 네 번 바뀝니다. 그렇기 때문에 기후라는 요소에서 고려할 필요가 없는 부분입니다.

월지 다음으로 중요한 것은 일간입니다. 앞서 우주적 에너지인 음양과 오행이 순환하며 세상을 구성한다고 말씀드렸습니다. 일간이 중요한 이유는 그날의 고유한 우주적 에너지가 개인에게 부여되는 때이기 때문입니다. 그래서 태어난 날이 바뀌면 사주도 크게 바뀝니다.

사주를 본다는 것은 사주를 구성하는 팔자의 조합을 이해한다는 뜻입니다. 각 글자의 의미를 알고 글자들 사이의 상호작용을 파악하는 과정인 셈이지요. 따라서 사주팔자의 글자 하나가 그 사람의 운명을 결정하지 않습니다. 사주 해석이란 자신이 태어난 달의 지지 글자(월지)와 자신이 태어난 날의 천간 글자(일간)를 중심에 두고 나머지 글자들의 조합과 관계를 해석하는 작업입니다. 한 사람이 탄생하던 순간, 서로 상호작용하며 움직이던 오행 에너지의 조합을 파악하는 일인 것입니다.

사주에 담긴 운: 대운, 세운, 월운, 일운

사주팔자에는 타고난 기질이나 성향에 대한 정보 외에 삶을 살며 맞이하게 될 운의 흐름이 담겨 있습니다. 시간의 범주에 따라 그

운의 흐름은 크게 네 가지로 나뉩니다. 대운(大運), 세운(歲運), 월운(月運), 일운(日運)입니다.

대운은 흔히 '엄청난 행운'이라는 의미로 사용되기도 하지만, 명리에서의 대운은 '10년마다 바뀌는 운'을 뜻합니다. 대운은 사람마다 시작하는 때가 다릅니다. 어떤 사람은 대운이 7세부터 시작하고, 어떤 사람은 1세부터 시작합니다. 여기서 '시작'이라 함은 10년이라는 사이클이 시작하는 해를 가리킵니다. 가령, 5세에 대운이 시작되는 사람은 5세, 15세, 25세 등 10년에 한 번씩 대운이 바뀌는 식이지요. 대운은 명리학의 네 기둥 중 월주가 변화하는 것입니다. 월주는 태어날 때 부여받은 재능이라고 볼 수 있는데, 대운의 변화는 그 재능을 발전시켜야 할 때, 잘 써먹어야 할 때, 수정해야 할 때, 드러내지 말고 감추고 있어야 할 때처럼 자신의 재능을 펼쳐야 하는 환경과 자신의 재능을 어떤 용도로 펼쳐야 하는지를 알려줍니다.

세운은 해마다 바뀌는 운이고, 월운은 월마다 바뀌는 운입니다. 일운은 그날의 운으로 '일진(日辰)'이라고도 부릅니다. '오늘 일진이 사납네'라고 할 때의 그 '일진'입니다. 대운, 세운, 월운, 일운을 보는 법은 3장 '항목별 운의 흐름 읽기 실전 연습'에서 더욱 구체적으로 설명하겠습니다. 여기에서는 각 개념의 의미를 파악하는 것만으로도 충분합니다.

"운이라는 한자는 군대를 의미하는 군(軍)과 쉬엄쉬엄 갈 착(辶)이 합해진 글자다. 군대가 이동을 함에 있어서 쉬엄쉬엄 갈 수도 있고 이리 갔다 저리 갔다 하는 경우도 있을지언정 군대를 움직인다는 것은 분명한 목적이 있다."

언젠가 어떤 책 속에서 보았던, 운에 대한 인상적인 문장입니다. 운에 모든 것을 맡기고 흘러가는 대로 세상을 살아가다 보면 언젠가는 자신이 원하는 것을 잡을 수 있는 기회가 오지 않겠느냐고 말하는 사람에게 일침을 날리는 장면이었는데요. 20대 때 이 구절을 읽을 당시에는 뭔가 좋은 느낌이 있는 문장 정도로 기억 속에 남아 있었습니다. 그런데 명리학을 공부하면서 운에 대한 정의를 내리다 보니 삶에 대한 능동적인 태도를 강조하는 말로 새롭게 다가왔습니다. 운이 좋은 날이 찾아오기를 마냥 기다리기보다는 이미 정해진 오행의 흐름을 맞이하되 그 흐름을 어떤 방식으로 맞이하고 어떻게 살아갈 것인지를 강구해야만 좋은 운이 다가온다는 의미로 해석되었기 때문입니다. 물론 살다 보면 때로는 그저 모든 것을 운에 맡기고 싶을 때가 있습니다. 하지만 그래도 되는 때가 있고, 안 되는 때가 있습니다. 이를 구분하기 위해 우리는 운의 흐름을 읽어낼 줄 알아야 합니다.

그렇다면 사주팔자는 고칠 수 있을까요? 우리는 흔히 일이 잘 풀리지 않거나 현실이 고통스러우면 '팔자를 고치고 싶다'고 한탄합니다. 하지만 태어난 날짜와 시간, 장소는 그 누구도 바꿀 수 없습니다. 따라서 타고난 사주팔자를 고칠 수는 없습니다. 하지만 주변을 둘러보면 '팔자가 펴고, 팔자가 달라진' 듯한 사람들이 분명 있습니다. 이 역시 사주팔자에 답이 있습니다. 자신의 타고난 사주를 제대로 파악하고 이를 내비게이션으로 삼아 자신의 미래를 연구하여 더 나은 선택을 하고자 노력한다면 조금 더 편안하고 덜 불안한 삶을 살아갈 수 있습니다. 내 운명을 스스로 제대로 볼 줄 알게 되어서 그 운명의 흐름 위에 부드럽게 올라타는 것. 그것이 우리가 명리학을 공부해야 하는 이유입니다.

사주 공부의 첫걸음: 천간과 지지, 육십갑자

사주팔자의 전반적인 개념을 이해했다면, 이제 그것을 표현하는 방식을 익힐 차례입니다. 우리는 새로운 언어를 배울 때, 그 언어의 자음과 모음을 외우고 각각의 발음을 배웁니다. 그다음, 각각의 자모들이 특정한 방식으로 조합되어 만들어진 단어를 배웁니다. 이는 언어를 이해하기 위한 아주 기초적인 단계입니다. 하지만 낱낱의 글자와 단어를 안다고 해서 그것들로 구성된 문장 전체의 의미를 이해할 수는 없습니다. 단어 하나하나의 뜻에 기대어 문장 전체의 의미를 어느 정도 짐작해낼 수는 있다고 해도 정확한 뜻을 파악하기에는 부족합니다. 이때 필요한 것이 바로 문법입니다. 하나의 언어가 어떤 규칙을 가지고 결합하고 활용되는지에 대한 정보이지요. 언어학에서 이처럼 문장을 기본 대상으로 하여 문장의 구조나 기능, 문장의 구성 요소 따위를 연구하는 학문을 '통사론'이라고 부릅니다. 영어로는 '신택스(Syntax)'라고 합니다.

신택스는 우리가 소통을 위해 사용하는 자연언어에만 존재하지 않습니다. 컴퓨터 프로그래밍을 위한 도구인 컴퓨터언어에도 신택스가 있습니다. 세상의 모든 언어에는 그 언어만의 문법이 존재합니다. 그런데 만일 이 신택스를 제대로 파악하지 못하면 어떤 일이 벌어질까요? 외국인이 한국어를 배울 때를 예로 들어보겠습니다.

이 외국인이 과거시제에 대한 문법을 모른다면 '밥을 먹었다'와 '밥을 먹는다'의 차이를 이해하지 못할 것입니다. 대화를 나눌 때도 이로 인해 사실을 잘못 전달하거나 오해가 생길 수도 있습니다. 컴퓨터 프로그래머가 컴퓨터언어의 신택스를 모르고 프로그래밍을 하면, 그 프로그램은 올바로 작동하지 않고 에러 메시지만 연달아 뜰 것입니다. 즉, 해당 언어의 문법을 이해하지 못하면 그 언어의 자모와 단어를 아무리 많이 알고 있다 한들 그 언어를 제대로 활용할 수 없습니다.

천간과 지지에 담긴 음양오행

명리학도 마찬가지입니다. 명리학 역시 나름의 체계와 이를 표현하기 위한 글자가 있습니다. 앞서 설명한 천간과 지지가 그것입니다. 그런데 비교적 젊은 분들에게 명리학의 기본 개념을 알려드리다 보면 늘 마주하는 문제가 하나 있습니다. 바로 한자에 대한 어려움입니다. 학교교육에서 한자교육이 축소된 데다 현실 언어생활에서도 한자를 자주 쓰지 않기 때문에 나이가 어린 분들일수록 명리학의 천간과 지지를 익히는 것을 어려워하십니다. 하지만 앞서도 언급했다시피 모든 언어를 배우는 첫 단계는 그 언어의 자모와 단어를 익히는 것입니다. 명리학을 배우기 위해서는 사주팔자에 반복적으로 등장하는 한자에 익숙해져야 합니다. 특히 육십갑자를 구성하는 천간 10자 및 지지 12자와 각각의 특성을 이해하는 것이 명리학 공부의 첫 번째 단계입니다. 천간 10자와 지지 12자는 다음과 같습니다.

천간 10자

갑(甲), 을(乙), 병(丙), 정(丁), 무(戊), 기(己), 경(庚), 신(辛), 임(壬), 계(癸)

지지 12자

자(子), 축(丑), 인(寅), 묘(卯), 진(辰), 사(巳), 오(午), 미(未), 신(申), 유(酉), 술(戌), 해(亥)

천간 10자와 지지 12자는 '목(木)', '화(火)', '토(土)', '금(金)', '수 (水)'의 오행으로 나누어 분류할 수 있습니다. 오행은 5개이고 천간 은 10자, 지지는 12자이므로 천간은 2자씩 오행의 성질을 나눠 가 집니다. 지지는 3자씩 토(土)를 제외한 나머지 오행의 성질을 나눠 가집니다. 그렇다면 같은 오행을 지닌 천간과 지지는 또 어떻게 나 눌 수 있을까요? 이때는 음양을 기준으로 분류가 가능합니다.

우선, 목(木)의 성질을 가진 천간 2글자, 갑(甲)과 을(乙)을 예로 들어보겠습니다. 둘 다 오행 중 목(木)에 해당하는 천간이지만 갑 (甲)은 양의 기운을, 을(乙)은 음의 기운을 가지고 있습니다. 이때 양과 음은 에너지가 외부로 발산되는지, 내부로 모여드는지를 나타 냅니다. 에너지가 외부로 발산된다는 것은 단순하게 말해서 타인과 의 관계에서 해당 에너지가 사용되고 해당 에너지의 성질이 나타난 다는 의미입니다. 에너지가 내부로 모여든다는 것은 자신의 내면에 서 해당 에너지가 사용되고 해당 에너지의 성질이 나타난다는 것입 니다. 물론 이는 아주 거친 묘사이기 때문에 구체적으로 음과 양의 성질이 어떠한지를 따지기 위해서는 더 많은 공부가 필요합니다.

이번에는 목(木)의 성질을 가진 지지 3글자, 인(寅), 묘(卯), 진

(辰)을 예로 들어보겠습니다. 이 책에서는 기초 개념을 잡는 것을 목적으로 하기 때문에 오행과 음양의 개념으로 설명할 예정이지만, 현재 명리학에서 사용되고 있는 지지의 개념은 동양 사상 중 '천지인(天地人) 사상'으로부터 연결되어 나온 '삼재(三才)'와 관련이 있습니다. 삼재는 한자의 뜻을 그대로 풀면 '3가지 근본 재료'인데, '인간을 포함한 세상 모든 것들'이라는 의미를 담고 있습니다. 가령, 봄에 해당하는 3계절인 인(寅), 묘(卯), 진(辰)에서 인(寅)은 천(天), 묘(卯)는 지(地), 진(辰)은 인(人)에 해당합니다. 그리고 각각의 의미는 다음과 같습니다.

- 인(寅): 천(天)의 시기로, 봄의 기운이 하늘에 가득하고, 땅에서 움트기 시작한다. 사람들은 임무 수행을 계획한다.
- 묘(卯): 지(地)의 시기로, 봄의 기운이 땅에서 완연해지고 퍼져나간다. 사람들은 임무 수행 준비를 해나간다.
- 진(辰): 인(人)의 시기로, 사람들이 봄을 느끼고 만끽하며, 임무를 본격적으로 수행한다.

이와 같이 세분화하여 24절기가 구성됩니다. 여기서 각 계절을 삼재가 아니라 음양을 기준으로 구분하면 각 계절마다 2개로 나뉘어 모두 8개의 계절로 변화합니다. 이때 나누는 기준은 역시 절기입니다. 24절기를 4(사계절)로 나누면 6이 나옵니다. 이는 한 계절당 6개의 절기가 들어 있다는 의미입니다. 6을 다시 2(음양)로 나누면 3이 됩니다. 즉, 한 계절의 처음 3개의 절기는 양의 계절, 뒤의 3개 절기는 음의 계절이 됩니다. 지지의 천지인적 해석이나 음양적 해석에 대해서는 명리학의 기초를 다지신 뒤 이후 심화 학습을 해보시기를 권합니다. 여기서는 천지인의 개념이 적용되지 않은 상태, 즉 더욱 원초적인 오행과 음양의 개념으로 설명하고자 하는 것이 목표라는 점을 기억해주시기를 바랍니다.

원초적인 오행과 음양의 개념에서 보면 인(寅)은 양의 기운을, 묘(卯)는 음의 기운을 지녔습니다. 그렇다면 진(辰)은 어떤 기운을 가지고 있을까요? 앞서 지지 12자는 3글자씩 총 4개의 오행(목, 화, 금, 수)으로 분류된다고 했습니다. 여기서 '목(木)', '화(火)', '금(金)', '수(水)'는 각각 봄, 여름, 가을, 겨울, 즉 사계절을 의미합니다. 사계절에 포함되지 않는 토(土)는 유지하는 기운으로 계절상 간절기를 의미한다고 봅니다. 가령, 진(辰)은 목(木)이지만 토(土)의 기운 역시 가지고 있습니다. 따라서 인(寅)은 양의 기운, 묘(卯)는 음의 기운, 진(辰)은 토(土)의 기운을 지닌 목(木)이 됩니다.

다음은 지금까지 설명한 내용을 토대로 천간 10자와 지지 12자 각각이 음양오행 중 어떤 성질을 가졌는지 알 수 있도록 정리한 그림입니다. 그림에서는 음양오행의 직관적인 파악을 위해 각각의 성질을 색깔로 나누어 표시했습니다. 음은 파란색, 양은 붉은색으로 표현했습니다. 또한, 오행 중 목(木)은 녹색, 화(火)는 붉은색, 토(土)는 노란색, 금(金)은 흰색, 수(水)는 검은색으로 표현했습니다. 이는 제가 임의로 정한 색깔이 아니고, 명리학에서 일반적으로 음양오행을 색으로 표현하는 양식에 따른 것입니다. 이러한 색 구분은 뒷부분에서 만세력 애플리케이션으로 사주를 볼 때도 유용하게 활용되는 지식이므로 잘 익혀두는 것이 좋습니다.

천간 10자

지지 12자

위에서 제시한 그림을 바탕으로 각각의 천간 혹은 지지의 성질을 파악하는 법을 조금 더 자세히 설명하겠습니다.

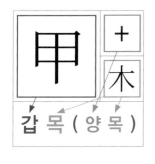

여기서는 천간의 '갑(甲)'을 예로 들어보겠습니다. 갑(甲)은 오른쪽 맨 위의 칸(녹색으로 표시한 부분)을 보면 알 수 있듯이, 양(+)의 기운을 가집니다. 그 아래 칸(하늘색)에는 '목(木)'이라고 적혀 있습니다. 즉, 갑(甲)은 양(+)의 기운과 목(木)의 기운을 가진 글자라는 뜻입니다. 명리학에서는 천간과 지지의 글자를 읽을 때 해당 글자만 단독으로 읽지 않고, 해당 글자의 오행과 함께 묶어서 읽습니다. 이 경우에는 붉은색 칸의 천간(혹은 지지)과 하늘색 칸의 오행을 함께 묶어 읽어 '갑목(甲木)'이라고 부릅니다. 이때 갑목은 양의 기운을 가진 목(木)이므로 '양목(陽木)'이라고도 부릅니다. 같은 맥락에서 '을(乙)'은 '을목(乙木)' 또는 '음목(陰木)'이라고 부릅니다.

참고로 명리학의 다양한 분파에 따라 각 글자에 다른 의미를 부여해 해석할 수 있습니다. 이는 과거로부터 전해진 내용은 아니고, 대체로 후대에 부여된 의미입니다. 또한, 매우 복잡하고 어렵기 때문에 이 책에서는 다루지 않습니다. 만일 심화 과정에 관심이 있다면 이 책을 통해 충분히 기본을 익힌 뒤, 해당 내용을 별도로 찾아보기를 권합니다. 명리학 입문자라면 사주명리 해석의 가장 기본이자 근간이 되는 오행 개념으로 사주를 해석하는 방법을 익혀서 자신의 사주와 운을 스스로 읽어낼 줄 아는 것을 목표로 삼아도 충분합니다.

천간과 지지의 조합, 육십갑자

앞서 10개의 천간과 12개의 지지를 순서대로 조합해나가면 총 60개의 간지가 만들어진다고 설명했습니다. 즉, 10개의 천간과 12개의 지지를 순서대로 나열하여 두 개씩 짝을 지을 경우, 다시 첫 번째 짝으로 돌아오기까지 만들어지는 짝의 개수는 총 60개입니다. 이것이 바로 육십갑자입니다. 10과 12의 최소공배수는 60이기 때문입니다. 우리나라에서는 61세가 되면 환갑(還甲)을 맞이한다고 일컫는데, 환갑은 말 그대로 '갑으로 돌아온다'라는 의미입니다. 육십갑자를 한 바퀴 돌아 다시 태어났을 때와 같은 맞춤으로 돌아온다는 뜻입니다.

　다음은 천간과 지지를 조합해 만들어지는 육십갑자를 순서대로 정리한 표입니다. 육십갑자의 순서는 맨 윗줄의 왼쪽(갑자)에서 시작해 오른쪽 방향으로 이어집니다.

갑자 甲子	을축 乙丑	병인 丙寅	정묘 丁卯	무진 戊辰	기사 己巳	경오 庚午	신미 辛未	임신 壬申	계유 癸酉	갑술 甲戌	을해 乙亥
병자 丙子	정축 丁丑	무인 戊寅	기묘 己卯	경진 庚辰	신사 辛巳	임오 壬午	계미 癸未	갑신 甲申	을유 乙酉	병술 丙戌	정해 丁亥
무자 戊子	기축 己丑	경인 庚寅	신묘 辛卯	임진 壬辰	계사 癸巳	갑오 甲午	을미 乙未	병신 丙申	정유 丁酉	무술 戊戌	기해 己亥
경자 庚子	신축 辛丑	임인 壬寅	계묘 癸卯	갑진 甲辰	을사 乙巳	병오 丙午	정미 丁未	무신 戊申	기유 己酉	경술 庚戌	신해 辛亥
임자 壬子	계축 癸丑	갑인 甲寅	을묘 乙卯	병진 丙辰	정사 丁巳	무오 戊午	기미 己未	경신 庚申	신유 辛酉	임술 壬戌	계해 癸亥

　육십갑자는 동양 문화권에서 아주 오랫동안 대중적인 기호 체계로 쓰였습니다. 오늘날에도 2022년을 임인년, 2023년을 계묘년으로 부르는 것처럼 연도를 육십갑자를 이용해 부르는 것이 대표적인 사례입니다. 요즘에는 하루 24시간을 아라비아숫자로 표현하지만, 옛날 동양에서는 시간도 연도처럼 육십갑자로 표현했습니다. 이는 명리학이 학문으로 정립되기 이전부터 동양에서 사용되어온 체계이자 표기법입니다. 아주 오래전부터 동양 문화권에서는 생년월일시 정보를 육십갑자로 표현했기 때문에 이것으로 점을 치는 초기

형태의 점술도 존재했었습니다. 이후 명리학이 그 형식과 모습을 갖추게 되자 자연스럽게 동양의 시간 표기법을 반영해 사용하게 된 것이고요. 이와 같은 역사적 맥락에 따라 사주팔자를 비롯해 대운, 세운, 월운, 일운 등을 모두 천간 10자와 지지 12자로 표현합니다.

천간 10자와 지지 12자 각각에 부여된 음양과 오행은 각 글자들의 고유한 특징이자 성질입니다. 따라서 절대 변하지 않습니다. 생년월일시에 따라 천간 10자는 사주팔자의 윗단을 구성하는 시간, 일간, 월간, 연간에 각각 배치되고, 지지 12자는 사주팔자의 아랫단을 구성하는 시지, 일지, 월지, 연지에 각각 배치됩니다. 그 배열 속에 한 사람의 운명이 고스란히 담겨 있습니다.

사주 해석의 기본: 오행 이해하기

사주를 보는 방법은 다양하지만, 그중 가장 기본은 오행을 바탕으로 해석하는 것입니다. 오행은 음양의 순환을 한층 더 세세하게 나눈 것이라고 봐도 무방합니다. 오행은 동양철학에서 출발한 다양한 학문 분야에서 두루 쓰이는 개념입니다. 명리학뿐만 아니라 풍수지리학, 한의학에서도 오행 개념이 등장하지요. 오행은 동양 문화권에서 세계와 인간을 설명하기 위해 고안해낸 탁월한 도구입니다.

동양철학에서의 오행은 순환하는 흐름이기 때문에 시작점과 끝점을 짚을 수 없습니다. 그런데 오행은 '목(木) → 화(火) → 토(土) → 금(金) → 수(水) → 다시 목(木)'으로 흐르는 순환이 이루어지는 동안의 '상태 변화'를 설명하는 개념이기도 해서 종종 원의 형태가 아닌 아래의 그림처럼 표현하기도 합니다.

첫 번째 그림은 시작점을 목(木), 올라가는 경사를 화(火), 수평

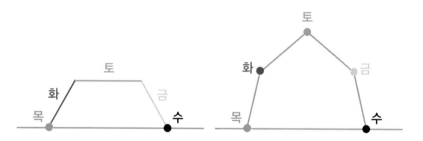

으로 지속되는 부분을 토(土), 내려가는 경사를 금(金), 도착점을 수(水)로 표현한 것입니다. 새로운 시작의 기운을 가진 목(木)은 언덕을 올라가기 시작하는 지점으로 비유할 수 있습니다. 발전해나가는 기운인 화(火)는 경사를 올라가는 구간입니다. 그리고 끈기를 의미하는 토(土)는 정상에 올라 같은 높이를 유지하며 나아가는 구간이지요. 금(金)은 하강하는 구간으로, 무르익어 진중해지고 무거워진 상태를 가리킵니다. 마지막으로 수(水)는 언덕을 완전히 내려온 도착점으로 언덕을 올라갔다 내려온 뒤 얻게 된 경험을 상징합니다.

오행의 상태 변화는 두 번째 그림처럼 표현할 수도 있습니다. 이번에도 역시 시작점은 목(木)입니다. 화(火)는 한창 산을 오르는 상태입니다. 열정적으로 정상을 향해 가는 구간이지요. 그렇게 정상에 도착하면 중앙을 상징하는 토(土)에 도달하게 됩니다. 그 뒤 산을 내려오며 성급하지 않게 스스로를 절제하는 모습을 보입니다. 바로 금(金)의 상태입니다. 산에서 온전히 내려오면 비로소 산의 모습을 올려다보며 산의 진정한 아름다움을 느낄 수 있습니다. 이것이 수(水)의 상태입니다.

이와 같은 오행의 흐름과 상태 변화는 우주 만물의 변화 패턴이므로 사주 해석을 하기 위해서는 꼭 이해하고 있어야 합니다.

오행의 흐름은 무엇을 만들어내는가?

위의 그림은 시간의 흐름에 따른 오행의 흐름을 도식화한 것입니다. 회색의 곧은 선은 시간의 흐름을, 둥글게 솟았다 내려오는 움

직임을 반복하는 보라색 선은 오행의 흐름을 의미합니다. 앞서 '목-화-토-금-수'의 흐름을 언덕을 오르내리는 것에 비유했던 내용을 기억하시나요? 그 순환을 한 방향으로 흘러가는 시간의 수직선상에 표현하면 이와 같은 모습이 됩니다. 마치 파도를 연상시키는 모습입니다. 오행의 순환은 이처럼 오르내리는 파도와 같습니다. 우주 만물은 이 파도를 따라 흐릅니다. 또한, 자신만의 파도를 가지기도 합니다. 이 파도는 더 작은 파도들로 이루어져 있습니다. 그 작은 파도는 다시 또 그보다 더 작은 파도로 이루어져 있습니다.

사계절을 예로 들어보겠습니다. 1년은 사계절로 이루어집니다. 만물이 소생하는 봄, 생물이 생장하는 여름, 열매를 맺는 가을, 흙 속에 씨앗이 잠자는 겨울이 그것입니다. 각 계절은 목(木), 화(火), 금(金), 수(水)의 기운을 갖고 있습니다. 토(土)는 각 계절의 사이인 간절기의 기운입니다. 그렇다면 1년을 아래의 그림처럼 나타낼 수 있습니다.

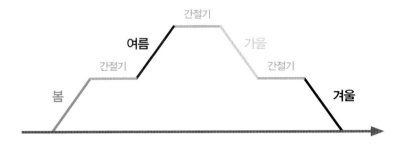

1년이라는 시간 속에서 오행이 순환하며 하나의 큰 파도를 이루고 있는 모습이 보이시나요? 만일 3년의 시간이라면 저 파도가 세 번 반복될 것입니다. 10년이라면 10번 반복될 테고요. 태초부터 지금까지 시간의 수직선상 위에서 위와 같은 파도는 끊임없이 반복되었을 것입니다. 끊임없이 물결치는 파도처럼 말이지요. 그리고 미래에도 그 파도는 같은 모양을 반복하며 계속 물결칠 것입니다.

이제 1년 단위의 파도를 더욱 잘게 쪼개보겠습니다. 1년은 열두 달로 이루어져 있습니다. 오늘날 우리는 서양에서 들여온 양력 체계에 익숙하지만 전통적으로 동양에서는 음력으로 날짜를 세는 것이 일반적이었습니다. 음력은 달을 기준으로 시간의 흐름에 따라 부풀어 오르고 줄어드는 형태 변화를 반복합니다.

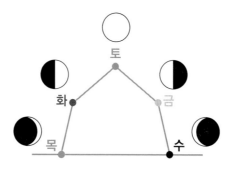

위의 그림처럼 초승달에서 상현달이 되었다가 보름(15일)을 지나면 하현달이 되고 이윽고 그믐달이 되는 수순입니다. 그믐달이 뜨면 한 달이 지났음을 알 수 있습니다. 다음 달도 마찬가지 흐름일 것입니다. 이런 달의 변화가 12번 반복되면 1년이 되는 것이지요. 즉, '사계절'이라는 1년 단위의 파도는 그보다 작은 크기인 12개의 '달'이라는 파도로 이루어졌습니다.

그렇다면 이번에는 달을 더 작은 파도로 쪼개보겠습니다. 한 달은 30~31일로 이루어져 있습니다. 낮밤의 변화를 약 30번 정도 겪으면 한 달이 지나가는 것입니다. 낮은 해가 뜨고 지기까지의 시간입니다. 해는 동쪽에서 떠서 서서히 고도가 높아지다 다시 서쪽으로 내려가는 움직임을 반복합니다. 이를 그림으로 표현하면 다음과 같습니다.

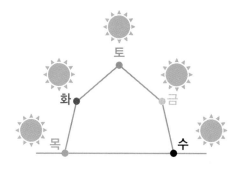

또 하나의 파도가 만들어진 것이 보이시나요? 한 달은 하루라는 작은 파도 30여 개가 모여 만들어지는 파도입니다.

오행의 흐름은 이처럼 세계를 구성하는 단위이자 요소, 그리고 에너지로 작용합니다. 식물의 한해살이를 예로 들면 이해가 쉽습니다. 식물이 싹을 틔우는 순간 생장이 시작됩니다. 이후 싹은 무럭무럭 자라 나무의 모습을 갖추고 꽃을 피울 수 있을 만큼 성장합니다. 꽃을 피운다는 것은 수정을 통해 열매를 맺을 수 있게 된다는 의미이지요. 나무에 맺힌 열매는 점점 자라 커집니다. 익어가면서 달콤한 향기도 뿜어내겠지요. 그리고 마침내 무르익은 열매는 땅으로 떨어지고 이윽고 과육 속의 씨앗만 남게 됩니다. 여기서 끝일까요? 아닙니다. 그 씨앗은 이듬해 봄, 새로운 싹을 틔울 것입니다.

오행의 흐름과 각각의 오행에 해당하는 시간을 직장인의 하루에 빗대어 설명해보겠습니다. 목(木)은 하루 중 03:30~09:30에 해당합니다. 잠에서 깨어나 씻고 하루 일과를 계획하고 각오를 다지며 일터로 나서는 시간입니다. 이 시간을 조금 더 디테일하게 나눠 살펴보면 다음과 같습니다.

- 인시(寅時, 03:30~05:30): 하루가 시작되는 시간입니다. 종교인들은 이 시간에 새벽 기도를 드립니다. 직장인 중에도 이 시간에 하루를 시작하는 부지런한 사람들이 있습니다.

- 묘시(卯時, 05:30~07:30): 점점 하루의 시작이 본격화되는 시간입니다. 대부분의 직장인들이 이 시간에 일어나서 하루를 시작합니다.

- 진시(辰時, 07:30~09:30): 하루가 완전히 시작된 시간입니다. 게으른 사람 또는 회사가 가까운 사람도 이 시간에는 일어나서 출근을 마쳐야 합니다. 대부분의 직장인들은 출근을 마쳤을 시간이고, 조금 부지런한 사람들은 이미 업무를 시작했을 시간입니다. 하루를 늦게 시작하는 사람이라고 해도 (올빼미족이 아니라면) 대체로 이 시간에는 일어납니다.

화(火)는 하루 중 09:30~15:30에 해당합니다. 점차 업무에 집중하고, 처리할 업무도 많아지고, 업무 진행 속도도 빠른 시간입니다. 이 시간을 조금 더 디테일하게 나눠 살펴보면 다음과 같습니다.

- 사시(巳時, 09:30~11:30): 업무가 시작되는 시간입니다. 아침 회의, 가벼운 미팅 등 업무 진행 상황 체크가 바쁘게 진행됩니다.

- 오시(午時, 11:30~13:30): 업무의 속도가 빨라지고 열도 올라갑니다. 한창 바쁜 와중이지만 점심시간이라는 휴식 시간이 필요합니다. 일부러 끊어주지 않으면 너무 집중하여 오히려 업무 효율이 떨어질 수 있기 때문입니다.

- 미시(未時, 13:30~15:30): 방향성을 재확인하고 업무 속도를 다시 끌어올려서 마무리 짓기 위해 매진하는 시간입니다. 이 시간

에 업무 결과를 보고하는 것이 좋습니다.

금(金)은 하루 중 15:30~21:30에 해당합니다. 업무를 마무리하고, 퇴근하는 등 정리하는 시간입니다. 이 시간을 조금 더 디테일하게 나눠 살펴보면 다음과 같습니다.

- 신시(申時, 15:30~17:30): 업무를 끝내고 검토 및 평가를 받아야 하는 시간입니다. 미시(未時)에 조금 일찍 보고했다면 이 시간에 수정할 수 있는 여유가 있습니다. 늦어도 이 시간 중에는 업무 결과 보고를 마쳐야 합니다. 빠르면 이 시간부터 퇴근이 시작됩니다.
- 유시(酉時, 17:30~19:30): 업무를 정리하고 마감하는 시간입니다. 일지 정리도 해야 하지만 퇴근 후 자신을 돌봐야 하는 시간입니다. 잔업 시간이기도 해서 마무리 지어야 할 일이 남았다면 이 시간에 끝내야 합니다. 대부분은 이 시간에 퇴근합니다.
- 술시(戌時, 19:30~21:30): 하루를 돌아보고 내일을 계획하는 시간입니다. 이 시간을 효율적으로 잘 쓰는 사람이 성공합니다. 귀가하여 자녀들과 시간을 보내거나 데이트를 해도 좋고 혼자만의 여흥을 즐기는 것도 좋습니다. 담아둘 것과 흘려보낼 것 등을 구분하여 몸과 마음의 긴장을 잘 풀어주는 것이 중요합니다. 이 시간에도 일을 한다면 그것은 야근입니다.

수(水)는 하루 중 21:30~03:30에 해당합니다. 잠을 자거나 휴식을 취하는 시간입니다. 보통 이 시간에는 생각이 깊어지고 미래 구상을 할 여유가 생기기 때문에 혼자만의 시간을 가지거나 가족과 내밀한 시간을 갖는 것이 좋습니다. 이 시간을 조금 더 디테일하게 나눠 살펴보면 다음과 같습니다.

- 해시(亥時, 21:30~23:30): 깊은 휴식에 빠져드는 시간입니다. 내밀하고 개인적인 시간이기도 합니다. 배우자 또는 애인과 단란한 시간을 갖기도 하고, 미래를 위해 자기 계발을 하기도 합니다. 이 시간 중에는 잠드는 것이 좋습니다.
- 자시(子時, 23:30~01:30): 대부분의 직장인은 이 시간에 잠듭니다. 이 시간에도 잠들지 못하면 내일이 힘들어질 수 있습니다. 이 시간에는 생각이 더해져 상념에 빠져들기 쉬우니 공부를 하는 것이 아닐 경우, 떠오르는 생각을 기록한다면 자기 발전에 도움이 됩니다.
- 축시(丑時, 01:30~03:30): 인체가 깊은 잠에 빠져드는 시간입니다. 이 시간에 깊은 숙면을 취하면 피로가 많이 회복됩니다. 이 시간에도 잠들지 못했다면 새벽까지 깨어 있어야 할 수도 있습니다. 그러면 당장 내일 하루가 망가지는 것도 문제이지만 건강이 회복되지 못하고 망가져간다는 점에서 더 큰 손실입니다.

우리의 하루는 이와 같이 오행의 흐름을 따라 순환합니다. 이러한 일과가 매일 반복되는 것이지요. 그뿐만이 아닙니다. 인간사 전체로 봤을 때도 오행의 흐름을 따라 순환합니다. 가령, 학창 시절에는 다양한 경험과 공부를 하며 자기만의 세계를 성장시킵니다. 청년기에 접어들면 자신의 분야에서 꾸준히 일을 하며 그 분야에 대한 전문성을 기릅니다. 중년의 시기에 접어들면 그 전문성은 후배에게 조언을 해줄 수 있을 만큼의 수준에 이릅니다. 그러다 더 나이가 들어 노년기에 접어들면 은퇴를 하고 자유로운 시간을 즐기게 됩니다. 긴 세월을 살아오면서 축적한 지혜와 직감으로 어린 청년들이 성장하는 데 도움이 되는 조언을 남기기도 합니다. 이처럼 식물의 생장도 인간의 성장도 모두 오행의 흐름 위에서 이루어집니다.

오행이 순환하는 가운데 만들어지는 파도는 서로 다른 주파수를 가진 소리의 파동처럼 그 주기와 크기가 저마다 다릅니다. 어떤 소리의 파동은 다른 소리의 파동과 만나 더 큰 파동이 되기도 하고, 그 파동을 소멸시키기도 합니다. 오행도 마찬가지입니다. 앞서 살펴본 바대로 오행은 상생하는 관계도 있지만 상극하는 관계도 있습니다. 이를 파동의 관점에서 이야기하면 두 파동이 합해져 공명(상생)하거나 또는 무언가와 충돌해 중첩, 반사 등으로 인하여 상쇄(상극)하는 현상이라고도 할 수 있습니다. 이러한 관계를 이해한 후라야 운을 더 나은 방향으로 바꿀 수 있습니다. 단순히 내가 필요로 하는 오행을 몸에 지닌다거나 그런 물건을 근처에 두는 식으로는 운을 좋게 바꿀 수 없습니다. 가령, 사람을 활용한다면 그 사람과 함께 활동을 해야 합니다. '내 행동을 바꾸는 것', '내 생각과 감정을 바꾸는 것'이 핵심입니다.

그중 가장 강력한 것은 시간의 흐름 속에서 해당 오행이 오는 시간을 이용하는 것입니다. 금(金)이 나의 운을 터주는 데 좋은 역할을 한다면 금(金)에 해당하는 날을 잘 이용해야 하는 것이지요. 또 다른 방법으로는 해당하는 땅을 이용하는 것입니다. 일명 풍수라고 하지요. 예를 들어 금(金)이 나의 운을 터주는 데 좋은 역할을 한다면 금(金)에 해당하는 터에 자리를 잡으면 되는 것입니다. 오행이 나에게 작용하게 만드는 방법은 해당 오행의 에너지를 발생시키는 것 하나뿐입니다. 그냥 그 오행 옆에 있다고 해서 에너지가 발생하지는 않습니다.

이와 같은 맥락에서 운을 개선하기 위해 개명을 했다면 단지 이름을 바꾼 것만으로 운이 트이지는 않습니다. 사람들이 바뀐 이름으로 지속적으로 불러줘야만 합니다. 이름을 부름으로써 파동 에너지가 발생하는 것이지요. 종이에 적힌 글자로는 그 힘이 빈약합니다. 그러므로 운을 트기 위해 이름을 바꿀 때는 당사자도 듣기에 기분이 좋고 부르는 사람도 어색하지 않을 이름을 지어서 수시로 부르게 만드는 것이 중요합니다.

반대로 자신의 오행과 상충하는 오행은 가급적 피하는 것이 좋습니다.

오행의 상생/상극 관계는 사주를 해석할 때 중요하게 다루어지는 개념이자 효과입니다. 오행이 원활히 흐르려면 생(生)과 극(剋)의 원리가 적용되어야 합니다. 생과 극의 원리에 따라 오행이 변화하기 때문입니다. 이는 오행이 생(生)과 극(剋)을 주고받으며 앞으로 나아간다는 의미입니다. 그런데 생(生)과 극(剋)에 대해 이야기를 하면 간혹 '합(合)'과 '충(沖)'에 대해 물으시는 분들이 계시곤 합니다. 아마 사주 상담 시 들어봤거나 명리학 책 등에서 접했으리라고 짐작합니다. 그렇지만 오행으로 사주를 해석할 때는 오직 생(生)과 극(剋)의 개념만 존재합니다. 합(合)과 충(沖)은 천간과 지지 22자를 두고 해석할 때 적용되는 이론입니다. 그러니 이 책을 읽으실 때는 합(合)과 충(沖)이라는 단어는 잊으시고, 생(生)과 극(剋)의 개념에만 집중해주세요. 오행은 생(生)과 극(剋)의 관계로만 변화, 성장한다는 점을 다시 한번 기억하시길 바랍니다. 그러면 지금부터 오행들 사이의 상생 관계와 상극 관계에 대해 알아보겠습니다.

오행의 상생 관계와 그 의미
다음의 그림은 앞서 설명한 오행의 흐름을 닫힌 순환으로 나타

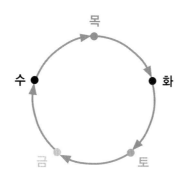

낸 것입니다. 이 그림에 따르면 목(木)은 화(火)를 향해 가고, 화(火)는 토(土)를 향해 가고, 토(土)는 금(金)을 향해 가고, 금(金)은 수(水)를 향해 가고, 수(水)는 다시 목(木)을 향해 갑니다. 이러한 관계를 '상생(相生)'이라고 합니다. 순환을 돌며 서로가 서로를 일으키고 살리는(=생하는) 관계라는 뜻입니다. 생(生)은 혜택이나 도움을 의미합니다. 따라서 '생(生) 받는다'라는 말은 곧 내가 혜택이나 도움을 받음을, '생(生)한다'라는 말은 내가 혜택이나 도움을 베풀어야 함을 의미합니다. 받을 때도 기분 좋게 받는 때가 있고, 필요 없

수→목→화	목은 수로부터 생 받는다. 목은 화를 생한다.
목→화→토	화는 목으로부터 생 받는다. 화는 토를 생한다.
화→토→금	토는 화로부터 생 받는다. 토는 금을 생한다.
토→금→수	금은 토로부터 생 받는다. 금은 수를 생한다.
금→수→목	수는 금으로부터 생 받는다. 수는 목을 생한다.

생(生)의 관계

는데 굳이 주니까 받아야 하는 경우가 있습니다. 베풀 때도 자연스럽게 베풀 때가 있는가 하면, 굳이 내가 해주려고 고집하는 경우도 있습니다. 이처럼 받는 것도 베푸는 것도 적절한 선을 지키지 않으면 생(生)도 속박으로 작용하게 되니 항상 적당한 선을 지키는 마음이 필요합니다. 오행의 상생 관계와 그 구체적인 의미는 다음과 같습니다.

목(木)은 나무이기 때문에 불인 화(火)를 생하고, 화(火)는 흙인 토(土)를 생하며, 토(土)는 쇠인 금(金)을 생합니다. 그리고 금(金)은 물인 수(水)를 생합니다. 이를 각각 '목생화(木生火)', '화생토(火生土)', '토생금(土生金)', '금생수(金生水)', '수생목(水生木)'이라고 합니다.

① 목생화(木生火)

목생화(木生火)는 가족, 팀, 조직, 회사 등 공동체 시스템이 만들어짐을 의미합니다. 혼자가 아니라 함께하는 사람이 생기게 되니 규칙, 제도 등의 시스템이 생겨나는 것이지요. 협업 등에서 각자 담당 업무를 정하는 일도 여기에 속합니다. 주어진 시스템에 나를 맞추는 노력을 할 수도 있고, 시스템을 내 입맛에 맞게 수정하거나 새로 만드는 노력을 하는 것도 방법입니다. 상황과 입장에 따라 판단을 잘해야 합니다.

② 화생토(火生土)

화생토(火生土)는 부여된 역할을 이행함을 의미합니다. 그 속에 담긴 진짜 뜻은 실행을 통해 나의 경험, 능력이 상승하는 것이지요. 세상에는 특정 분야의 전문가도 필요하고, 다양한 경험을 가진 숙련자도 필요합니다. 어떤 방향으로 나의 능력을 상승시키는 것이 궁극적으로 나에게 맞을지를 잘 생각해야 합니다. 물론, 얼마나 성실하게 실행하느냐에 따라 격차가 생기는 것은 당연지사입니다.

③ 토생금(土生金)

토생금(土生金)은 이행의 결과로 얻어진 자신의 능력을 인정받는 것을 의미합니다. 그 속에 담긴 진짜 뜻은 시험을 보거나 검증을 통해 가치를 상승시켜나가는 것이지요. 검증 대상은 나 자신 또는 나의 재능 또는 나의 생산물 등입니다. 가치를 높이기 위해 설명을 잘하거나 외모를 가꾸는 등의 노력을 기울이는 것도 포함됩니다. 개인적 가치의 상승인지, 조직이나 공동체의 가치 상승인지도 선택할 수 있습니다.

④ 금생수(金生水)

금생수(金生水)는 상승된 나의 가치를 시장에 내놓고 서로 교환함을 의미합니다. 능력을 인정받는다면 나의 능력을 높은 가치에 팔 수 있을 것입니다. 반대로 상대방을 인정하고 비싸게 사줘야 하는 경우도 있습니다. 즉, 서로 주고받는 활발한 교환과 유통을 해야 함을 의미합니다.

⑤ 수생목(水生木)

수생목(水生木)은 무언가를 배우고 익히게 되는 생(生)을 의미합니다. 수(水)는 전문가, 선배, 강사 등 제대로 알고 있는 사람, 이미 잘하고 있는 사람을 뜻합니다. 그들로부터 직접 가르침을 받는 것은 물론이고 보거나 듣는 것으로 힌트를 얻어 터득하는 것도 포함됩니다. 좋든 싫든 배움이 있게 되고, 배운 것을 활용도 해야 합니다. 그러나 너무 여러 가지를 배워도 문제이고 타인의 것을 단순히 베끼는 것도 문제임을 기억해야 합니다.

오행의 상극 관계와 그 의미

이번에는 오행의 상극 관계를 알아보겠습니다. 이를 위해 앞서 보았던 그림에 상극 관계를 표시해서 살펴보겠습니다.

위의 그림을 보면 원 안쪽에서 오행의 순환을 가로지르는 점선 화살표가 보일 것입니다. 이는 각 오행과 극(剋)이 되는 성질의 오행이 무엇인지 나타낸 것으로 화살표의 방향이 극하는 방향입니다. 극(剋)은 주도, 조절, 복종 등을 의미합니다. 따라서 '극(剋)을 받는다'라는 말은 내가 누군가로부터 조절을 당하거나 주도권을 빼앗김을, '극(剋)한다'라는 말은 내가 조절을 하거나 주도권을 갖게 됨을 의미합니다. 극(剋)을 하는 쪽에 권한도 주어지고 책임 소재도 주어지기 때문에 생(生)과 동일하게 적절한 선을 지키는 마음이 중요하다는 점을 잊지 말아야 합니다.

나무는 흙을, 흙은 물을, 물은 불을, 불은 쇠를, 쇠는 나무를 제압

금 … 목 … 토	목은 금으로부터 극 받는다. 목은 토를 극한다.
수 … 화 … 금	화는 수로부터 극 받는다. 화는 금을 극한다.
목 … 토 … 수	토는 목으로부터 극 받는다. 토는 수를 극한다.
화 … 금 … 목	금은 화로부터 극 받는다. 금은 목을 극한다.
토 … 수 … 화	수는 토로부터 극 받는다. 수는 화를 극한다.

극(剋)의 관계

합니다. 이를 각각 '목극토(木剋土)', '토극수(土剋水)', '수극화(水剋火)', '화극금(火剋金)', '금극목(金剋木)'이라고 합니다.

① 목극토(木剋土)

목극토(木剋土)는 나의 경험치를 상승시킴에 있어 그 방식에 따라 조정을 받는 것을 의미합니다. 내가 속한 환경이 발전하는 것을 그저 쫓아가는 것으로도 나의 능력은 상승할 것입니다. 또한 환경과 상관없이 자기 계발을 통해 능력을 상승시키는 것도 가능합니다. 즉, 때와 상황에 따라 적절한 방식을 선택해야 하는 운입니다.

② 토극수(土剋水)

토극수(土剋水)는 나의 가치를 확산시킬 때에도 환경이라는 변수에 조정을 받는 것을 의미합니다. 내 가치를 인정받았다고 해도 어떤 환경이 주어지는지에 따라 나의 태도가 달라져야 한다는 뜻이기도 합니다. 세상이 나를 필요로 한다면 나의 몸값은 상승할 것입니다. 반대로 내가 원했던 환경을 만난다면 나는 몸값을 적당히 조정해서라도 거기에 들어가야 합니다. 어떤 환경을 만났는지 잘 확인하고 움직여야 하는 운입니다.

③ 수극화(水剋火)

수극화(水剋火)는 시스템을 만듦에 있어 목적과 계획이라는 변수에 조정을 받는 것을 의미합니다. 규칙을 만들 때는 목적이 분명해야 하고, 구체적인 실행 계획도 있어야만 규칙이 온전하게 자리를 잡습니다. 조직을 위한 규칙을 만들 것인지, 개인을 위한 규칙을 만들 것인지를 상황에 따라 잘 판단하여 계획하고 실행해야 하는 운입니다.

④ 화극금(火剋金)

화극금(火剋金)은 내가 인정을 받아야 하는 분야도 역할에 따라 조정을 받는 것을 의미합니다. 이때 나는 권한을 행사하고 책임을 지는 관리자 및 지도자로 인정을 받을 수도, 능력이 뛰어난 전문가 및 실력자로 인증을 받을 수도 있습니다. 나에게 어떤 것이 맞는지, 어떤 방향을 선택해야 하는지를 고민해야 하는 운입니다.

⑤ 금극목(金剋木)

금극목(金剋木)은 내가 공부하고 아이디어를 낼 때도 교정이나 보완을 통해 조정을 받는 것을 의미합니다. 목적에 맞게 조정해야 더욱 효율적이고 실수가 줄어들기 때문입니다. 계란을 삶을 때도 완숙을 만들 것인지, 반숙을 만들 것인지에 따라 불의 세기나 가열 시간을 조정하는 것과 같습니다. 내가 타인을 교정해줄 수도 있고, 내가 자신을 교정할 수도 있습니다. 내가 누구를 교정하고 보완해야 하는 것인지를 잘 생각해봐야 하는 운입니다.

상극 관계인 오행이 사주팔자에 함께 있다고 해서 무조건 나쁜 것은 아닙니다. 이 역시 흐름과 공명의 원리에 따라 해석해야 합니다. 중요한 것은, 각각의 오행은 다른 오행으로 그 기운을 억누를 수 있다는 점입니다. 특정한 기운이 발산하지 못하도록 막거나 눌러놓는다는 원리입니다. 어떤 사람은 오행의 상극 관계 때문에 자신이 가진 가능성을 충분히 발휘하지 못하기도 합니다. 만일 특정한 오행이 과하게 발산되어 문제가 생길 수 있다면 다른 오행을 통해 문제가 되는 오행의 기운을 적절히 눌러줄 수도 있습니다. 이와 같은 오행의 원리에는 옳고 그름, 좋고 나쁨의 가치판단이 없습니다. 각각의 오행이 서로 어떤 조화를 이루는지를 읽어내는 것이 핵심이기 때문입니다. 따라서 '나쁜 사주'에 대해 전혀 겁먹을 필요가 없습니다.

앞서 설명한 방식으로 오행 사이에는 서로 물거나 물리는 관계가 형성되어서 에너지를 보충받기도 하고 소모되기도 하며 변화합니다. 이것이 오행이 순환하는 원리입니다. 오행은 순환하면서 균형을 이루고 우주를 유지합니다. 오행의 균형이 완전히 깨어진다면 우리가 아는 세상의 법칙이 제대로 적용되지 않을 것입니다. 이 균형이 유지되면서 세상은 다양성을 띠고 확장하며 성장합니다. 이 균형과 순환은 거대한 우주를 운영하기도 하지만, 미시적으로는 개인의 하루, 한 달, 일 년, 그리고 일생을 운영하기도 합니다. 이런 까닭으로 대운과 세운, 월운과 일진을 오행으로 읽어내는 것이 가능합니다.

오행
심화 해석

●●●●

지금까지 오행의 흐름과 기본 원리를 살펴보았습니다. 그런데 이 원리를 적용해 사주를 풍부하게 해석하려면 각각의 오행이 상징하는 바를 더 구체적으로 알아야 합니다. 그런데 오행 각각의 개념과 의미는 딱 떨어지는 설명이 어렵습니다. 굉장히 추상적인 개념이기 때문입니다. 그런 까닭으로 같은 사주팔자를 두고도 이를 해석하는 깊이는 사람마다 천차만별입니다. 여기에서 제시하는 심화된 오행의 해석은 제가 오랜 기간 동안 상담과 수행을 하면서 얻은 깨달음을 정리한 것입니다. 비록 지금은 초심자라고 할지라도 명리학을 오랫동안 깊게 파고들다 보면 제가 여기서 제시하는 해석을 뛰어넘는 여러분들만의 오행 해석을 할 수 있게 되리라고 생각합니다.

목(木)
#봄 #시작 #생명력 #적응력 #인(仁) #감성적 사고 #깨어남
#호기심 #자상함 #의지 #개척정신 #부드러운 단호함 #동지의식

목은 시작하는 힘입니다. 목의 기운을 가지고 있다면 새로운 일에 도전하거나 전에 없던 생각을 해내는 것에 능합니다. 처음 발을 내딛는 분야에 망설임 없이 뛰어들 수 있고, 모르는 일에 도전하는 것을 두려워하지 않습니다. 혁신적인 아이디어를 내는 것, 창의적인 발상을 떠올리는 것, 새 분야를 개척하는 것 모두 목의 기운이 발할 때 일어나는 일입니다. 목은 성장의 의지를 보입니다. 앞으로 나아 감을 제일 중요하게 여기고, 제일 열심히 합니다.

목은 멈춰 있던 상황에서 움직이기 시작하는 순간의 힘이기 때 문에 태동하는 생명력이 있습니다. 호기심에 가득 차 있지요. 그래 서 생전 처음 느끼는 자극에도 금방 적응합니다. 미지의 존재에 거 부감을 갖지 않고 그것에 다가갈 줄 압니다. 편견이나 고정관념 없 이 그것을 받아들이고, 있는 그대로 이해합니다. 새로운 트렌드에 민감하고도 정확히 반응할 수 있는 힘입니다. 환경이 급속하게 변 화해도 그 변화를 빠르게 감지하고 금방 적응할 수 있게 하는 힘이 기도 합니다. 그래서 적응력이 뛰어납니다. 매일 달라지는 일정을 부담 없이 소화해낼 수 있는 힘이기도 합니다. 이는 자칫 변덕스러 운 것처럼 보일 수 있지만, 시작하는 것에 망설임이 없는 것뿐입니 다. 두려움 없이 새로움을 추구하는 힘, 이것이 목의 특성입니다.

이러한 목의 특성은 피드백에 적극적으로 대처할 수 있도록 합 니다. 계획을 세우고 실행하는 중에 문제가 생겨서 다시 처음으로 되돌아가 계획을 수정해야 하는 상황이 생길 때, 목의 기운은 몇 번 이고 이 과정을 반복할 수 있도록 돕습니다. 계속되는 변화에 지치 지 않고 대응할 수 있는 힘이지요.

목을 계절에 비유하자면, 만물이 소생하고 새로운 한 해가 시작 되는 봄과 같습니다. 이는 개학이나 개강을 하는 시기이기도 한데, 바로 봄에 목의 기운이 서려 있기 때문입니다. 새로운 일을 시작하 기에 더없이 어울리는 시기이기 때문에 많은 일들이 봄에 시작합니 다. 씨앗을 파종하는 것도 대체로 봄에 하는 일입니다. 생명이 막 태어나기에 좋은 기운을 가득 가지고 있는 계절이기 때문입니다. 봄은 날이 점차 따뜻해지는 계절이지만 예상치 못한 꽃샘추위가 기승을 부리기도 하고, 갑작스럽게 더운 바람이 불어오기도 하며, 봄비가 내리기도 합니다. 이런 변덕스러운 날씨를 견디고 싹이 틀 수 있는 것은 목의 힘 덕분일 것입니다. 성장에 모든 것을 집중하는 목의 기운은 싹이 다른 일을 모두 제쳐두고 물과 양분을 빨아들이며 키를 키우는 일에만 전념할 수 있도록 돕습니다.

이번에는 등산 과정에 비유해 목의 특징을 설명해보겠습니다. 산을 오르기 위해서는 먼저 어느 산이 자신에게 적합한지 결정해야 합니다. 다양한 산의 특징을 알아보며 자신의 체력과 건강 상태, 그리고 즐기고자 하는 풍경 등을 따져서 등산하기에 가장 적합한 산을 고르는 것이지요. 목은 이처럼 자신이 필요로 하는 것이 무엇인지 알고 그것을 찾아가는 힘입니다. 등반할 산을 결정한 후에는 산을 찾아가게 되지요. 그렇게 등산로의 시작점에서 산을 오르는 경로가 표시된 지도를 참고하는 것, 이것이 목의 상태입니다. 산에 오르기 위해 준비하는 단계이자 등산의 과정을 기대하는 마음을 품고 준비운동을 하며 몸을 푸는 단계이지요.

이는 마치 첫 직장에 막 입사한 신입사원과 같은 단계입니다. 꿈과 희망을 가득 품은 채로 자신이 성장하기를 기대하며 많은 것을 배우고 싶어 하는 의욕이 넘치는 단계이지요. 이 단계에서는 무엇이든 배우고자 하며 일의 크기나 경중에 관계없이 몰랐던 바를 흡수할 수 있는 능력이 있습니다. 그만큼 모르는 것이 많고 실수도 잦습니다. 하지만 목의 기운은 상황을 재설정하여 다시 시작하는 것에 능숙하다고 했었지요. 이는 금방 실수를 털어내고 앞으로 나아갈 수 있게 하는 동력입니다. 그래서 이 시기에 하는 실수는 마음에 크게 남지 않습니다. 자잘하고 누구나 할 수 있는 실수이기 때문입니다. 목의 기운은 이 실수들로부터 무언가를 더 얻는 것을 지향합니다.

인생에서 소년기에 해당하기 때문에 생의 모든 것을 처음 맞이합니다. 무언가를 처음 배우기 시작한 사람은 금방 성장하는 만큼, 자신이 모든 것을 배우고 그것에 전문성을 지니게 될 것이라고 자신하기도 합니다. 새로운 아이디어를 낼 때면 그것이 비록 허무맹랑한 생각일지라도 부끄러움 없이 공개합니다. 이러한 목의 자신감이 지나치면 자칫 오만을 불러올 수도 있습니다. 적당히 조절한다면 미래에 대한 긍정적인 인식과 낙관이 되겠지만, 초심자는 자신이 하려는 일의 크기를 잘 가늠하지 못하기 때문에 낙관과 오만을 구분하지 못하는 경우가 있습니다. 이러한 특성을 닮아 목의 기운은 오만을 의미하기도 합니다.

물론 이런 오만함 덕분에 매사에 앞장서는 적극적인 성질이 드러날 수 있는 것이겠지요. 비록 꼼꼼하게 분석하거나 치밀하게 연구하는 식의 끈기와 냉정은 부족하지만, 단순하고 솔직한 성질 덕분에 자신의 생각과 소신을 활기차고 자신 있게 표현할 줄 압니다. 희망이 가득 차 순수하고, 자신이 좋아하는 일에 강하게 몰입할 수 있는 힘을 가지고 있지요. 활동성이 가득하다고 볼 수 있습니다. 또한 얽매이는 것을 싫어하고 자유로운 기질을 가지고 있습니다.

목은 기본기에 충실하기 때문에 전체를 구조화하는 것에 능합니다. 마치 교과서의 목차와 같지요. 가장 기본적인 것을 큰 틀에서 구조화하여 자신이 필요한 것이 있을 때 그것을 적재적소에 배치할 줄 압니다. 따라서 목표를 정하고 계획을 세워 시작하는 일에 능합니다. 자신의 명예를 강하게 추구하기 때문이지요. 곧게 뻗어나가려는 의지가 보이는 것도 이 때문입니다.

이러한 기본기에 충실한 특징은 인성 면에서는 예절과 도덕을 지킬 줄 아는 부분으로 드러납니다. 따라서 동양에서 오덕(五德)으로 꼽는 인의예지신 중에서 '인(仁)'에 해당하지요. 남을 사랑하고 아낄 줄 아는 마음입니다. 그래서 목의 기운은 따뜻한 마음씨와 배려심을 가질 수 있도록 합니다.

목은 하루 중에는 아침, 방향 중에는 동(東), 색 중에는 청(靑)을 의미하기도 합니다.

화(火)

#여름 #발전 #폭발력 #예(禮) #판단적 사고 #활동성 #열정적
#능동적 #성취 욕구 #성장 #확장 #자신을 드러냄 #함께 나아감

화는 발전해나가는 힘입니다. 그러나 목과 조금 다릅니다. 목이 나무와 같이 땅에 뿌리를 내리고 하늘을 향해 곧게 뻗어나가는 안정적인 성장이라면, 화는 폭죽과 같은 폭발적이고 산발적인 열정의 발산입니다. 화의 엄청난 열정은 강한 자신감과 연결되지요. 자신이 밀고 나가는 일에 한 치의 망설임도 없습니다. 이는 마치 불도저와 같아 화를 막을 수 있는 것은 화를 극할 수 있는 수뿐입니다(수극화 [水剋火]).

따라서 화는 에너지가 가득합니다. 끝도 없이 솟아오르는 마그마와 같이 뜨겁고, 팔팔 끓는 물이 수증기가 되는 것처럼 팽창하며, 높은 곳에서 떨어지는 롤러코스터와 같이 추진력이 강하지요. 단순히 무언가를 시작해보겠다는 의지가 아닙니다. 시작한 일을 정말 잘해보겠다는 생각으로 열정적인 태도로 일에 임하는 힘입니다. 그래서 계획을 그대로 이끌고 무언가를 이루고야 말겠다는 강한 의욕을 보입니다.

이러한 의욕 덕분에 화의 기운을 가진 이들은 끊임없이 발전하고자 합니다. 그리고 이런 발전은 필연적으로 시스템과 규칙을 필요로 합니다. 그래서 화의 기운은 절차와 규칙을 중요시하는 특성이 있습니다. 학생을 예로 들어보겠습니다. 새로운 수학 개념을 배운 뒤, 그 개념을 익히기 위해서는 해당 개념을 이용한 문제를 많이 풀어야 합니다. 그런데 개념에 대한 이해 없이 바로 심화 문제를 푼다는 것은 어불성설입니다. 어려워서 풀 수도 없을뿐더러 들이는 노력에 비해 얻을 수 있는 것도 적을 테니까요. 모든 일에는 순서가 있기 때문입니다. 기초 문제부터 하나씩 풀어나가 개념을 익혀 자연스럽게 심화 문제까지 풀 수 있도록 실력을 키우는 것이 적절하고 효율적인 공부 방법이라는 사실은 많은 이들이 이미 체득하고 있는 내용입니다.

즉, 화의 '절차'란 열정이라는 이름하에 효율 없이 닥치는 대로 하는 것이 아니라 꾸준히 성장할 수 있는 가장 좋은 방법을 찾아 그것을 규칙화한 뒤 이 규칙에 따라 자신을 훈련시켜나가는 것입니다. 그래서 화의 기운은 절차와 규칙을 만들어나가는 역할도 합니다. 열정적으로 일을 진행하면서 배운 노하우를 정리하고, 지켜야 할 것들과 앞으로 일을 계속 진행하면서 필요할 매뉴얼을 만들어나가지요.

화는 규칙을 정립하는 힘이기 때문에 조직 활동에도 큰 도움이 됩니다. 조직이 잘 굴러가기 위해서는 언제나 질서가 필요합니다. 누구 한 명이 너무 앞서나가서도 안 되고, 뒤처져서도 안 되지요. 모두가 힘을 합쳐 최선의 결과를 만들어내기 위해서는 질서 정연한 시스템 속에서 협업해야 합니다. 이것의 중요성을 잘 알고 있는 화의 기운을 가진 사람들은 업무 분배에 뛰어난 재능을 보입니다. 그래서 협업을 할 때 어느 팀이 무엇을 맡을지, 조직 내에서 프로젝트를 진행할 때 누가 어떤 업무를 맡을지 자연스럽게 분배하는 사람이 됩니다. 자연스레 사람들은 화의 기운이 발달한 사람의 지시를 따르게 됩니다.

이러한 화의 특성은 결국 사람을 끌어들이는 매력으로 이어지기도 합니다. 화의 기운이 발달한 사람들은 친화력이 아주 좋은 경향이 있습니다. 정이 많아 인간관계에서 많은 애정을 주고받지요. 사람과 함께하는 일에 어려움을 느끼지 않기 때문에 많은 사람과 원만한 관계를 유지할 줄 압니다. 이는 예의 바른 행실이 몸에 배어 있어야 가능한 일입니다. 화가 예(禮)에 해당한다는 점이 여기에서 두드러집니다. 사람에 대한 예의를 지키는 것을 당연시하기 때문에 화의 기운을 가진 사람은 인기가 많을 수밖에 없습니다. 그래서 이들은 조직이나 단체 활동에 특화되어 있고, 공동체 정신이 발달해 있습니다. 마치 불이 열기를 나누어 주듯, 이들은 자신의 것을 주위에 나누는 것을 좋아합니다. 희생과 봉사 정신이 두드러지는 유형입니다. 그러면서도 자신감 있는 태도를 가지고 있기 때문에 리더형이라고 볼 수 있습니다.

화의 기운이 발달한 사람은 말을 잘하며 화끈하고 불같은 성격을 지니게 됩니다. 이들은 자신의 생각을 조리 있게 표현하여 사람들 앞에 발표하는 것을 잘합니다. 자신의 속을 내보이는 것에 거부감을 가지지 않기 때문에 비밀이 잘 없고 솔직합니다. 생각하는 바나 떠오르는 느낌을 가감 없이 적극적으로 표현하지요. 그래서 종종 화의 기운이 발달한 사람이 화를 낼 때는 차분함이 부족하고 인

내심이 충분하지 않기 때문에 다혈질로 보일 수 있습니다. 자신의 주장을 강하게 주장하는 모습 때문에 독선적이라고 느껴질 수도 있지요. 폭발적인 추진력에만 의존할 경우, 끈기가 부족해 보일 수도 있습니다. 상대방을 지나치게 고려하면 간섭이 많은 사람으로 여겨질 수도 있습니다.

화는 인생에서 청춘의 시기에 해당한다고 볼 수 있습니다. 이 시기에는 남이 무엇을 하는지 항상 궁금해하며 유행을 좇고 동아리 활동이나 연애 등 수많은 인간관계의 망 속에서 살아갑니다. 자신의 능력을 폭발적으로 발전시킬 수 있는 적절한 시기이기도 합니다. 청년의 열정으로 적은 대가에도 불구하고 많은 일을 해내고, 뛰어난 아이디어를 잘 발전시켜서 좋은 프로젝트로 만들어내기도 합니다. 작은 일에도 크게 웃고 크게 슬퍼하며 불같이 화를 내기도 하지요. 여전히 미숙하지만 아무것도 모르던 소년기와는 다르게 사회의 규칙을 이해하고 따를 줄 압니다. 이러한 특성이 화의 기운과 닮았다는 것을 알 수 있습니다.

회사에서의 직급에 비유한다면 입사 후 3~4년 정도 지난 대리 정도의 느낌입니다. 신입만큼 모든 것에 호기심을 가지고 배우려 들지는 않지만, 자신이 할 수 있는 일이 무엇인지 알아 그것에 집중하여 업무를 처리합니다. 쓸데없는 야망에 부풀어 미래를 대책 없이 낙관적으로 보는 시기도 지났지요. 대신 회사 내 구성원들과 어떻게 잘 상호작용하여 일을 순조롭게 처리할 수 있을지 고민합니다. 여전히 연차는 적기 때문에 자신의 성장을 위해 노력하며 열정적으로 업무에 임하는 단계라고도 비유할 수 있겠습니다.

화의 열정은 사계절 중 여름에 비유할 수 있습니다. 한여름의 숲에 가면 작열하는 햇빛 아래에서 서로 앞을 다투어 성장하는 나무의 에너지를 필시 느낄 수 있을 것입니다. 이것이 화의 열정입니다. 짙어져가는 녹음 가운데에서 끊임없이 일어나는 광합성을 상상한다면 화의 개념이 쉽게 와닿을 것입니다.

화는 하루 중에서 낮을 의미하기도 합니다. 대부분의 사람들이 잠에서 깨어 일을 하거나 공부를 하는 등 하루의 노동을 하는 시간이지요. 방향 중에는 해가 가장 뜨거운 남(南)을, 색 중에서는 적(赤)을 의미하기도 합니다.

토(土)

#간절기 #끈기 #지속력 #신(信) #실사구시적 사고 #차분함
#수용력 #신중함 #행동하고 깨달음 #다음 단계를 예측함

토는 지속하는 힘입니다. 끈기라는 단어로 설명될 수 있지요. 이는 한 가지 작은 목표를 위해 노력하는 것보다 더욱 진득한 장기적인 노력을 가리킵니다. 자신의 전문성을 위해 매일 해당 분야를 파고들어 연구하고 터득하고 자신의 것으로 만들어나가는 과정이지요.

토의 기운은 기본적으로 '유지'를 목표로 합니다. 현 상태가 긴 시간 동안 유지되도록 하는 것이 목적이지요. 그래서 상승하거나 하강하지 않고 특정 고도를 유지합니다. 비행기가 이륙하기 위해 비행장을 빠른 속도로 달리는 것이 목의 기운이고, 비행기가 안전 고도에 도달하기 위해 상승하며 가장 많은 연료를 소비하는 때가 화의 기운이라면, 토의 기운은 비행기가 항로를 따라 안정적으로 운항하는 때라고 할 수 있습니다. 이 구간이 비행시간의 대부분을 차지하는 것을 떠올리면 토의 기운이 발휘하는 그 꾸준함의 정도를 가늠할 수 있을 것입니다.

　이러한 토의 '유지'가 아무런 연료를 소비하지 않는다고 생각하면 안 됩니다. 유지를 위해서도 적든 많든 연료가 필요합니다. 자신이 해오던 일을 멈춘다면 엔진이 꺼진 비행기처럼 땅으로 추락할 수밖에 없게 됩니다. 따라서 비행고도를 유지하고 항로를 따라 앞으로 나아가기 위해서는 꾸준히 에너지를 소비하며 무언가를 해야 합니다. 즉, 토의 기운은 겉으로 보면 '변화 없음'의 상태인 것 같지만 사실은 '끊임없이 변화함'의 상태에 더 가깝다고 할 수 있습니다. 물론 목이나 화의 기운처럼 항상 새로운 것을 마주한다거나, 폭발적으로 성장하는 모양은 아닙니다. 다시 비행기의 비유로 돌아가봅시다. 기장은 비행기를 운전하며 하늘을 나는 동안 구름을 통과하기도 하고 기류를 만나기도 하는 등 다양한 환경에 노출됩니다. 그리고 각각의 상황에 맞춰 대처하면서 항로를 따라 계속 비행을 이어나갑니다. 가만히 멈춰서는 불가능한 일입니다. 즉, 토의 상태는 '멈춤'이 아니라 '끊임없이 노력함'이라고 할 수 있습니다.

　그래서 토는 규칙을 유지하고 지속합니다. 이 규칙은 화의 단계에서 시행착오를 통해 충분히 검토되고 완성되었으므로 하나의 안정된 시스템이자 구조로 기능합니다. 토는 이렇게 만들어진 규칙을 믿고 따르며 그 구조 안에서 하나의 분야를 갈고닦는 일에 전념하는 힘입니다. 같은 일을 반복적으로 해나가면서 능력을 확장해가는 '장인 정신'이라고도 표현할 수 있지요. 목과 화의 단계처럼 다양한 일에 도전하며 끊임없는 실패와 성장을 겪는 것과는 달리, 토의 단계에서는 같은 일을 계속하여 같은 수준의 결과를 꾸준히 낼 수 있는 것에 집중합니다. 이 과정에서 디테일한 기술이 발달하고 더 뛰어난 전문가로서 성장하게 되지요. 하지만 겉으로 본다면 이 사람은 같은 일을 무한히 반복하는 것으로만 보입니다. 자신과의 싸움은 자신만이 압니다. 토의 단계에 이르면 사회적 평가에 무덤덤해집니다. 오로지 자신을 갈고닦는 일에만 전념하는 장인의 상태라고 할 수 있습니다.

그렇다 보니 토는 큰 틀을 변화시키려고 한다거나 거부하지 않습니다. 기본적으로 보수적이라고 할 수 있겠지요. 기존의 틀은 이유가 있기 때문에 존재한다고 믿습니다. 그것의 순기능이 역기능보다 훨씬 크기 때문에 기존의 구조가 유지될 필요가 있다고 생각하지요. 그래서 문제가 생기더라도 빠른 변화를 지양하고 신중하게 문제에 접근합니다. 구조의 변화보다는 개인의 변화에 더 집중합니다. 문제를 해결하기 위해 더 열심히 갈고닦는 방식을 택하지요. 조직 내부에서의 문제라면 긴 토론과 회의를 통해 변화를 결정합니다. 일방적인 통보나 급작스러운 개편을 피하고 모두가 변화에 대한 협의를 할 수 있는 자리를 마련합니다. 이런 부분은 독단적일 수 있는 화의 특징과 대비됩니다.

'계단식 성장'이라는 개념을 들어보셨을 것입니다. 성장은 꾸준히 일어나는 것이 아니라 마치 계단 모양의 그래프처럼 어느 순간 확 일어나고, 한참 동안 그 상태를 유지하는 과정의 반복이라는 아이디어입니다. 토의 상태가 바로 그 '유지'의 상태입니다. 그래서 이 시기를 잘 넘기기 위해서는 토의 끈기와 고집이 필요합니다. 진득하게 한 자리에서 지지부진해 보이는 자신을 견딜 수 있는 침착함과 중용의 마음이 토의 핵심입니다.

회사에서의 직급에 비유한다면 과장이라고 할 수 있습니다. 조직 내에서 충분히 전문성을 인정받고 그 자리에 올라 조직을 안정적으로 이끌어야 하는 위치이지요. 새로운 아이디어가 솟아난다거나 폭발적인 성장을 이룩하지는 않지만, 충분히 능력이 있기 때문에 오랜 시간 동안 많은 프로젝트를 맡아 진행하는 단계입니다. 토는 지구력을 가지고 반복과 숙달의 과정을 견딜 수 있는 힘입니다.

그래서 토는 변화가 가시적이지 않은 상태를 상징합니다. '사이', '중앙'과 같이 한 가지 특성에 치우치지 않고 중간에 위치하거나 중도인 상태를 의미합니다. 열두 달 중 4월, 7월, 10월, 1월이 토의 기운을 가진 시기에 해당합니다. 태어난 달이 이 네 달 중 하나라면 사주팔자에서 월지는 토가 됩니다. 2월생과 3월생은 봄에 태어났기 때문에 월지가 목이지만, 4월생은 봄에 태어났음에도 월지가 토입니다. 봄이라고는 해도 꾸준히 기온이 상승하는 중인 2월과 3월에는 목의 기운이 강하다면, 완연한 봄이 되어 따뜻한 기온이 일정하게 유지되는 달인 4월은 토의 기운이 강하다고 할 수 있겠지요. 5월과 6월이 봄에서 여름으로 넘어가며 화의 에너지가 점차 강해지는 달이라면, 7월에는 토의 영향으로 뜨거운 기운이 지속됩니다. 8월과 9월을 지나면서 차츰 기온이 내려가며 금의 에너지가 발현된다면, 10월에 이르러 가을 날씨가 한동안 유지됩니다. 이 역시 토의 기운입니다. 이윽고 11월과 12월에 걸쳐 기온이 아래로 쭉 하강하며 수의 기운을 맞이하지요. 그러다가 1월이 되면 낮아진 기온이 한동안 유지되며 겨울 날씨가 변함없이 이어집니다. 이 시기도 토의 기운이 발산하는 때입니다. 1년, 열두 달, 사계절이라는 순환을 떠올리면 토의 '유지'라는 개념이 쉽게 이해가 될 것입니다.

토의 이러한 한결같음은 믿음을 줍니다. 따라서 인의예지신 중에서 '신(信)'에 해당하지요. 포기하지 않고 꾸준히 무언가를 해내는 모습은 누구에게나 신뢰를 가득 줄 수 있을 것입니다. 끈기와 고집으로 궤도를 이탈하지 않고 그것을 무한히 돌 수 있을 것이라는 믿음이 토의 가장 큰 매력이자 승부수일 것입니다. 토는 유지하는 힘을 뜻하기 때문에 특정한 시간이나 방향을 가리키지 않습니다. 색 중에서는 황(黃)을 의미합니다.

금(金)

#가을 #결실 #전문성 #의(義) #논리적 사고 #핵심 파악
#계획적 #과감함 #조절력 #자기 성찰 #의협심 #책임감

금은 무르익는 단계입니다. 무언가를 시작하고, 발전시키고, 꾸준히 노력해 갈고닦은 뒤 찾아오는 전문가적 단계이지요. 잘 제련한 금속처럼 단단하고 날카로우며 광택이 납니다. 즉, 누가 봐도 전문가임을 부정할 수 없는 단계라고 할 수 있습니다.

오행 중 첫 번째 하강의 에너지를 가진 금은 목과 화와 같은 폭발적인 성장이나 토와 같은 우직한 끈기를 모두 지났기 때문에 더 이상 아마추어 같은 태도를 보이지 않습니다. 금은 특정한 분야의 권위자와 같은 위치를 점하고 있는 기운입니다. 스승과 제자 중에서는 스승일 것이고, 기술자와 장인 중에서는 장인일 것입니다. 금의 수준까지 무언가를 끌고 온다는 것은 그것에 대해 충분히 알 만큼 알고 있다는 것이며, 남들에게 가르침을 주거나 남들을 진두지휘할 수 있을 만큼 지식이 풍부하고 노하우가 쌓였다는 뜻입니다. 물론 이 지식과 노하우는 그간의 노력으로 갈고닦은 자신만의 것이지요. 그래서 금의 노하우는 지식을 외운다고 해서 쉽게 얻을 수 있는 성질의 것이 아닙니다. 오랜 시간 동안 재능을 갈고닦으며 자기만이 아는 피나는 노력을 한 사람만이 이룰 수 있는 경지입니다.

그래서 금의 경지에 이른 사람들은 대체로 문제에 대한 해법을 제시하는 역할을 맡게 됩니다. 어느 분야에 갓 입문한 초보자들이 문제 상황을 마주했을 때, 자신의 지난 경험을 토대로 이들에게 지시를 내려 문제를 해결하는 실마리를 제공하는 역할을 하는 것이지요. 그래서 금의 기운을 가진 사람은 화와 같은 진취적인 성격도, 토와 같은 보수적인 성격도 아닙니다. 어떻게 행동해야 할지 알고 적재적소에서 움직이는 베테랑의 모습에 가장 가깝습니다. 밀고 나가야 하는 시점에는 과감히 밀고 나가고, 우직하게 버텨야 하는 시점에는 꾹 버틸 줄 압니다. 상황에 맞는 옳은 일이 무엇인지 알고 있기 때문에 인의예지신 중에서 의(義)를 상징하지요.

그러나 '상황에 맞는 옳은 일'이 항상 옳아 보이는 것은 아닙니다. 특히 금의 경지에 도달하지 못한 사람들에게는 금의 기운을 가진 사람의 지시가 이해가 가지 않을 수도 있습니다. 너무 성급한 결정이거나 뒤늦은 대처라고 생각할 수도 있지요. 금의 기운을 가진 이가 보고 있는 것을 아직 보지 못하기 때문입니다. 그러나 금의 기운을 가진 이는 자신의 선택이 옳다는 것을 경험적으로 알기 때문에 냉정하게 결정을 밀고 나갑니다. 그래서 종종 차갑고 딱딱하다는 인상을 줄 수 있습니다. 금은 옳지 않은 것은 가차 없이 비판하고 옳은 선택을 하기 위해 냉정하게 상황을 평가하는 힘을 상징합니다. 따라서 부드러운 설득과는 거리가 멀어 보일 수 있습니다.

회사에서의 직급에 비유한다면 능력이 출중한 부장 또는 본부장이라고 할 수 있습니다. 팀 전체를 지휘하며 일을 무사히 진행시키기 위해 총대를 메는 사람입니다. 책임지고 프로젝트를 맡아 성공시키기 위해 방법을 모색하는 사람이지요. 신입사원에서부터 지금의 자리에 오르기까지의 경험을 토대로 얻은 자신만의 스타일로 자신에게 주어진 일을 능히 해내지요. 금의 기운이 발달한 사람은 그만큼 자신의 분야에 대해 깊이 알기 때문에 그만큼 알지 못하는 다른 사람들을 보면서 답답하게 느껴질 수 있습니다. 그래서 그들에게 잔소리를 하기도 합니다. 금의 기운이 발달한 사람의 입장에서는 정당한 비판이겠지만, 그렇지 않은 사람들의 입장에서는 듣기 싫은 소리로 여겨질 가능성도 농후합니다. 따라서 사주팔자에 오행 중 금이 많다면 이를 조심해서 나쁠 것이 없을 것입니다.

금의 전문가 기질은 명예에 대한 추구로 이어지기도 합니다. 그래서 금의 기운을 가진 사람은 학위나 자격증 등 자신의 뛰어난 전문성을 증명할 수 있는 수단을 잘 이용하곤 하지요. 이러한 수단으로 자신의 능력을 인정받고자 합니다. 이는 이들이 오만하거나 세속적이어서가 아니라, 굉장히 현실적인 사람이기 때문입니다. 그러한 까닭으로 금이 발달한 사람은 사회적 조건을 자세히 따지곤 합니다. 취업을 할 때도 복지와 급여, 자신의 성장 가능성 등을 면밀히 따져보고 직장을 고릅니다. 무언가를 시도할 때도 충분히 성공이 가능한 계획인지 주도면밀하게 따져보지요. 목과 화의 기운을 가진 사람에 비해서는 소극적으로 보일 수 있으나 그만큼 신중하다고도 할 수 있습니다. 그래서 금이 발달한 사람은 실현 불가능한 목표나 계획은 시도하지 않는 편이며, 이루고자 하는 목표가 있다면 그것이 성취 가능하도록 촘촘하고 유용한 계획을 세웁니다.

금은 식물의 생장으로 따지자면 열매 맺음을 상징합니다. 열매는 영양이 가득할 뿐만 아니라 맛과 향기도 좋습니다. 과수원을 운영한다면 좋은 열매가 많이 맺히는 것이 가장 기쁜 일일 것입니다. 금은 과수원의 과실수들에 열매가 가득 열리듯 결과물을 만들어내는 기운이라고 할 수 있겠습니다. 그래서 금은 사계절 중 수확의 계절인 가을을 의미합니다. 농부가 이삭이 가득 여문 황금 들판의 벼를 추수하며 1년간 들인 노력을 보상받는 기간이지요. 금의 기운은 투자한 결과물이 손에 잡힐 수 있도록 하는 힘입니다.

금은 하루를 돌아보는 시간인 저녁을 의미하기도 합니다. 학교가 끝나고 하교하거나 직장이 끝나고 퇴근하는 시간대이며, 가족이 모여 얼굴을 마주하고 저녁을 먹는 시간이기도 하지요. 이 시간에는 차분히 하루를 돌이키며 기억에 남는 일을 이야기하기도 하고, 낮에 마음 상하는 일이 있었다면 그 기분을 풀어내기도 합니다. 이처럼 금의 단계는 오행의 한 사이클을 갈무리하며 마무리 짓는 때입니다. 지나온 시기를 되돌아보며 숨을 고르고 하산하기 시작하는 때입니다.

산 정상에 올라갈 때는 산의 모습이 머릿속에 그려지지 않지만, 정상에 다다른 뒤 내려갈 때는 산의 모습을 그릴 수 있습니다. 금은 바로 이러한 상태입니다. 올라온 길을 도로 내려가는 것은 초행길을 오르는 것보다 쉽습니다. 힘도 덜 들 뿐더러, 아는 길이기 때문에 길을 잃을 확률도 훨씬 적습니다. 금의 기운이 발휘하는 전문성이 이런 느낌입니다. 이미 같은 길 또는 비슷한 길을 지나왔기 때문에 그것에 대해 잘 알고 있는 상태이지요.

금은 방향 중에는 해가 기우는 방향인 서(西)를, 색 중에는 백(白)을 의미하기도 합니다.

수(水)

#겨울 #유유자적 #본질 #씨앗 #지(智) #철학적 사고 #재충전
#응집력 #냉정함 #유연함 #혼자 행동함 #내면에 집중 #지혜

수는 감상하고 즐기는 단계입니다. 그동안 산길을 오르내렸다면, 수의 단계에 이르러서는 자신이 오르내렸던 산을 다시금 조망하는 시간을 가집니다. 이때 바라보는 산은 이미 한 차례 정상까지 올랐던 산이기 때문에 아래에서 올려다보아도 목의 단계에서 올려다보았던 것과는 차원이 다른 감각이 느껴질 테지요. 막 오르기 시작하는 목의 단계에서의 산은 미지의 세계이자 자신의 능력이나 기술을 시험하는 시험대입니다. 반면, 산을 오르내린 뒤인 수의 단계에 이르면 이제 산은 자연의 정취를 즐길 수 있는 풍류와 향락의 공간이 됩니다. 만일 이 산을 다시 또 오르게 된다면 첫 등산 때는 지나쳤던 폭포나 계곡, 꽃과 나무를 유심히 볼 수 있을 것입니다. 이러한 여유가 바로 수의 여유입니다. 한 번 겪었기 때문에 가질 수 있는, 전체를 조망할 줄 아는 너른 시선이 조급함과 불안함을 덜어내고 느긋함을 갖게 만듭니다.

그래서 수의 기운은 노인의 지혜에 비유할 수 있습니다. 인생을 웬만큼 살아온 노인은 청년보다 인생을 바라보는 시각이 훨씬 첨예하게 벼려져 있을 것입니다. 청년이 열정적으로 일에 뛰어들 때, 노인은 그 일이 성공할지 실패할지를 차분히 가늠합니다. 그리고 청년에게 조언을 던지기도 하지요. 금의 단계도 이미 지난 노인에게 청년은 참 어리고 미숙해 보일 것입니다. 하지만 금의 단계에 있는 사람이 던지는 조언이 냉정하고 따끔하고 정확하다면, 수의 단계에 도달한 사람이 던지는 조언은 그보다 부드러운 말투일 것입니다. 또한 그 내용도 두루뭉술하고 알쏭달쏭할 것입니다. '때가 되면 다 이해할 것이다'라는 식으로요. 수의 단계에 이른 노인은 화의 단계인 청년이 결국 모든 것을 경험하여 깨달아야만 한층 더 성장할 수 있다는 사실을 알고 있습니다. 따라서 아무리 족집게 같은 정확한 조언을 던져준다고 한들 그것을 체화하기까지는 시간과 경험이 필요함도 알고 있습니다.

　이처럼 수의 기운은 금의 전문성을 넘어서서 본질을 파악하는 지혜를 발휘합니다. 금이 발달한 사람이 자신의 전문성을 인정받기 위해 각종 학위나 자격증을 취득한다면, 수가 발달한 사람은 자신의 전문성을 굳이 인정받고자 하지 않습니다. 자신의 전문성은 사회의 인증이 없어도 이미 충분하기 때문이지요. 그래서 수가 발달한 사람은 성취욕이 크지 않습니다. 금이 발달한 사람처럼 현실적인 조건을 면밀하게 따지거나 목이 발달한 사람처럼 자신의 아이디어를 뽐내고자 하는 오만도 없습니다. 화가 발달한 사람처럼 열정적으로 일에 몸을 던지는 일도 드물고, 토가 발달한 사람처럼 전문성을 획득하기 위해 무언가를 오래도록 붙잡고 있는 끈기를 발휘하지도 않습니다. 수가 발달한 사람은 직감적으로 본질을 파악하기 때문에 자신의 가치를 스스로 파악해서 그것을 바탕으로 살아가기 때문입니다. 그래서 수는 인의예지신 중에서 '지(智)'를 상징합니다. 수의 기운은 진정한 '앎'과 맞닿아 있습니다.

　식물의 생장에 비유하자면 수는 씨앗입니다. 나무가 생장을 마무리하고 열매를 맺고 나면 어느 순간 그 열매가 땅으로 떨어집니다. 열매의 과육은 썩고 문드러지지만 과육 속에 깊이 숨겨져 있던 씨앗은 그대로 살아남습니다. 이 씨앗 안에는 나무의 고유한 정보가 고스란히 담겨 있습니다. 나무가 지금까지 경험해온 것들의 본질이 응축되어 있는 결과물이 바로 씨앗입니다. 그래서 수는 경험의 본질을 포착해내어 그것을 파악할 수 있는 힘을 뜻합니다.

　자연스레 수가 발달한 사람들은 감이 좋을 수밖에 없습니다. 이들은 어떤 일을 하기도 전에 그 일이 어떻게 돌아갈지 파악해냅니다. 또한 본질을 꿰뚫어 보는 감각이 발달했기 때문에 수의 기운이 많은 사람들은 사람들의 마음에 잘 공감해주고 이해하는 능력이 굉장히 뛰어납니다. 마치 여유 있는 태도로 사원들을 이끌어주면서 그들의 고민도 들어주고 상담도 해주는 임원진 또는 경영진 같은 느낌이지요. 수가 발달한 사람은 사람의 성장을 잘 도와줍니다. 그래서 승진이나 경쟁 욕심이 없는 것처럼 보일 수도 있습니다.

그러나 이들이 그렇게 보인다 해서 아무런 욕망이 없다고 생각해서는 안 됩니다. 수가 발달한 사람은 그 어느 오행보다도 자신의 욕망에 충실한 특징을 가지고 있습니다. 이들은 즐거운 일을 하는 것, 만족하는 것에 온통 신경을 기울입니다. 하고 싶지 않은 것은 피하고자 하지요. 그래서 삶을 즐기는 방법을 모색하거나 돈을 많이 벌고 싶어 하는 등 세속적인 욕망에 솔직하게 반응하기도 합니다. 본능을 거부하지 않고 살아가고자 하는 것입니다.

이러한 수의 특성은 근면함과 성실함보다는 유유자적함에 더 가깝다고 할 수 있습니다. 주위에 게으르지만 일을 빨리 끝내는 사람들을 본 적 있으실 텐데요. 빨리 쉬는 시간을 갖고 싶기 때문에 일을 빨리 끝내는 방법을 연구하는 사람들이 바로 이런 사람들입니다. 그래서 수는 사계절 중 해가 뜰 때부터 해가 질 때까지 농사일을 해야 하는 봄, 여름, 가을이 아닌 겨울을 상징합니다. 추수가 끝나 농사일을 더 이상 할 필요가 없어진 겨울, 유유자적 따뜻한 방에서 화로에 담긴 불을 즐기는 양반의 모습을 떠올리면 이해하기 쉽습니다. 수가 발달한 사람은 근면함으로 성취를 하기보다는 빠르고 쉬운 길을 고안해내서 다다라야 하는 목표에 편안하게 이르고자 합니다. 이는 망상이라는 수의 특징으로도 이어집니다. 즉, 수의 기운이 발달한 사람은 머릿속으로 시뮬레이션을 여러 번 돌려서 가장 효율적이고 쉬운 방법을 찾는 습관이 있기 때문에 실행하기보다는 상상을 훨씬 더 많이 하는 편입니다. 이는 마치 밤에 꿈을 꾸는 상태와도 같지요. 그래서 수는 하루 중 밤을 의미합니다. 방향 중에는 북(北), 색 중에는 흑(黑)을 의미하기도 합니다.

명리학과 오행에 대한
몇 가지 오해

　종종 블로그를 비롯해 SNS 등 온라인상에서 사주팔자를 풀이해 준다는 사람들의 글이나 동영상 등을 마주치곤 합니다. 그런데 그 내용을 살펴보면 일간을 중심으로 일과 인간관계, 연인 관계 등 주제별로 나누어 사주팔자 풀이를 하거나 역마살, 도화살 등 각종 살을 나열하며 그 위험성을 경고하는 글들이었습니다.

　저는 이러한 글과 동영상 자료들이 참고가 될지는 모르겠지만, 명리학의 본질을 배우는 것에는 큰 도움이 되지는 않는다고 봅니다. 오행 해석과 간지 해석에 사용되는 개념이나 이론을 아주 단순화하여 요약하거나 사주팔자에 특정 글자들의 조합이 있으면 어떠 어떠한 살이 있기 때문에 주의해야 한다는 내용은 사주를 명리로 읽는 방법에 맞지도 않을뿐더러 사주명리학 내용의 일부를 지나치게 과장하거나 축소한 것에 불과합니다. 안타까운 점은 많은 사람들이 이렇게 잘못 퍼진 정보 때문에 불필요한 걱정에 휩싸이거나 자신의 사주를 잘못 파악하게 됩니다. 그래서 이번 장에서는 사주와 오행을 둘러싼 대표적인 오해들을 소개하고 명리학을 공부할 때 주의해야 할 점을 살펴보고자 합니다.

Q. 저는 목(木)이 없고 금(金)만 3개인데 나쁜 사주일까요?

　A. 이는 오행의 개념을 오해해서 생기는 질문입니다. 여전히 많은 사람들이 오행을 구성 요소나 퍼즐 조각과 같은 분절된 개념으

로 이해하는 경우가 많습니다. 하지만 동양철학에서의 오행은 힘의 흐름, 또는 순환의 단계를 가리킵니다. 즉, 사주팔자에 어떤 오행이 있거나 없다고 해서 그 사람의 자질에 해당 오행의 구체적인 특징이 있거나 없거나 하지는 않습니다. 쉽게 말해, 어떤 사람의 사주팔자에 '목(木)'이 하나도 없다고 해서 그 사람의 자질에 새로운 일을 시작하는 힘이 전혀 없는 것은 아닙니다.

따라서 자신의 사주팔자에 특정한 오행이 하나도 없다거나 혹은 특정한 오행이 넘친다고 해서 즉, 오행의 비율이 고르지 않다고 해서 자신을 불완전하고 불균형한 사람이라고 해석하는 것은 잘못된 해석입니다. 오행은 그 사람이 가진 고유의 기운이고, 사주팔자는 그 기운의 조합입니다. 기운이라 함은 곧 그 사람이 가진 잠재적 자질을 가리킵니다. 현재 발현되고 있을 수도, 모종의 이유로 발현되고 있지 못할 수도 있는 하나의 잠재력이라는 의미입니다. 그러므로 나의 사주팔자에 어떤 오행이 특별히 많이 존재한다면 나는 그러한 특성이 많이 잠재된 사람이라고 보는 것이 옳은 해석입니다. 만일 나의 사주팔자에 어떤 오행이 전혀 없다면 나는 그저 그러한 특성이 적은 사람일 뿐입니다. 이는 마치 어떤 사람에게는 쌍꺼풀이 있는데, 어떤 사람에게는 없는 것과 마찬가지입니다. 그보다는 자신이 가진 고유한 특성과 잠재력을 어떻게 개발하고 발전시키느냐가 더 중요합니다.

Q. 제 사주에는 화(火)가 많은데, 연인의 사주에는 목(木)이 많습니다. 불이 나무를 태우니 저희는 좋은 관계가 될 수 없는 것일까요?

A. 오행을 구성 요소나 퍼즐 조각과 같은 분절된 개념으로 보는

잘못된 이해의 연장선상에서 이런 오해도 벌어집니다. '목(木), 화(火), 토(土), 금(金), 수(水)'를 단어 그대로 '나무, 불, 흙, 쇠(철), 물'로 해석하여 사주팔자에 각각의 오행이 어떻게 분포하는지를 두고서 그 사람의 성격을 추측하는 경우입니다. 가령, 나무는 숲을 이루고 그늘을 제공하기 때문에 사주팔자에 목(木)을 가진 이들은 사람들에게 위로를 잘 해주고 좋은 휴식처가 되어준다는 식의 해석입니다. 해당 오행을 '나무 목'으로 부르는 이유는 나무의 특징을 어느 정도 닮았기 때문이지만, 이를 자연물인 '나무'와 그대로 동치하면 곤란합니다. 나머지 오행도 마찬가지입니다. 오행의 이름이 가리키는 이미지와 그 개념이 유사해 보일 수 있지만, 오행의 개념과 그 이름을 가진 자연물을 완전히 같은 것으로 두고 보면 사주 해석에 어려움이 생깁니다.

특히 상극의 원리를 활용하고자 할 때, 이런 오류를 많이 보입니다. 가령, 불이 나무를 태우기 때문에 화(火)와 목(木)이 함께 있으면 안 된다고 해석하는 것이지요. 화(火)와 목(木)이 함께 있든 화(火)와 수(水)가 함께 있든, 있는 것은 그 나름대로 작동을 합니다. 명리학에서는 작동의 목적이 달라짐이 있을 뿐이지 사라지거나 죽는다는 개념이 존재하지 않습니다. 그리고 명리학에서 오행의 상극 관계는 '금극목(金剋木)', '화극금(火剋金)'입니다. 목(木)을 극하는 것은 금(金)이고, 화(火)가 극하는 것은 금(金)입니다. 즉, 올바르게 사주풀이를 하고자 한다면 서로 극을 이루는 오행이 무엇인지 정확히 이해해야 합니다.

Q. 사주에 괴강살이 있다는데 갑자기 무슨 일이 생기면 어떡하나요?

A. 특정 사주살에 대해 지나친 공포심이나 두려움을 가질 필요가 없다는 이야기도 하고 싶습니다. 온라인상에 돌아다니는 사주에 대한 콘텐츠들 중 상당수가 도화살, 역마살, 괴강살 등 사주살을 풀이하며 교통사고의 위험이 있다거나 요절할 수 있다는 식의 경고를 하는 경우가 많습니다. 하지만 이는 사실이 아닙니다. 사고나 죽음 등 삶의 큰 사건은 사주에 특정 신살이 있다고 해서 반드시 발생하는 것이 아니며, 이렇게 단편적으로 해석할 수도 없습니다. 이는 성공과 같은 좋은 일에서도 마찬가지입니다.

한 사람의 사주를 풀이하여 미래를 예견하기 위해서는 그 사람의 사주팔자뿐만 아니라 그 사람이 살고 있는 환경, 하고 있는 일, 주변 인물의 사주 등을 모두 조합하여 총체적으로 계산해야 합니다. 좋은 일도 나쁜 일도 그 일이 발생하기 위해서는 팔자의 조건이 갖춰져야만 하고, 조건이 갖춰졌다 해도 운 역시 그에 맞게 와야 합니다. 그리고 거기에 영향을 미치는 또 다른 등장인물이나 환경 등의 요소들도 많이 작용합니다. 이는 단순한 작업이 아니기 때문에 실력이 매우 좋은 사람에게 맡겨야만 높은 정확도를 가진 해석이 나옵니다. 입문자의 단계에서 이와 같은 유기적인 해석을 시도하기에는 지나치게 난이도가 높은 작업입니다.

이와 같은 이유로 온라인상에 떠도는 글이나 세간의 흘러가는 말에만 의지해 자신의 운명을 해석한다면 틀릴 가능성이 매우 높습니다. 따라서 자신의 미래를 정확하게 예측하고 판단하기 위해서는 자신의 운명을 해석하고 개척하는 올바른 방법을 기초부터 차근차근 익혀야 합니다.

3장

만세력으로
내 사주는 내가 본다

사주를 보는 도구, 만세력

사주를 구성하는 요소들과 명리학의 기본 개념, 그리고 각각의 오행이 가진 의미와 오행들 사이의 관계를 이해했다면 이제 본격적으로 사주를 보는 방법을 익힐 차례입니다. 사주팔자를 따져보기 위해서는 우선 생년월일시에 해당하는 팔자가 무엇인지 파악해야 합니다. 이는 '만세력'이라는 달력을 참고하여 찾아볼 수 있습니다.

만세력은 100년에 걸친 연월일시가 육십갑자로 적혀 있는 달력입니다. 물론 생년월일시를 통해 사주팔자를 도출해내는 공식이 있긴 합니다. 하지만 이것을 매번 따지기에는 너무 번거롭기 때문에 이미 만들어놓은 달력을 사용하여 사주팔자를 파악합니다. 연월일

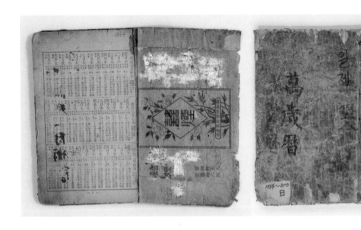

책의 형태로 된 만세력

시를 나타내는 육십갑자는 글자의 순서를 따져 미리 계산할 수 있는 고정적인 데이터입니다. 절대 바뀌지 않는다는 뜻이지요. 이렇게 고정된 결과값 중에서 특정인이 태어난 날짜와 시간을 찾아내어 그 사람의 팔자를 알아볼 수 있습니다.

과거에는 만세력은 책의 형태였습니다. 약 100년 단위로 끊어서 그 안의 모든 날짜와 시간을 육십갑자로 치환해 미리 적어놓은 달력 모음이었지요. 오늘날에는 애플리케이션 등으로 데이터화된 만세력을 쉽게 다운로드를 받아 활용할 수 있습니다.

만세력에는 매년을 육십갑자로 표현한 태세(太歲), 매월을 육십갑자로 표현한 월건(月建), 매일을 육십갑자로 표현한 일진(日辰), 달의 삭, 현, 망, 24절기 등이 기록되어 있습니다. 태양과 달, 그리고 다섯 개 행성(수성, 화성, 목성, 금성, 토성)의 위치 등 과거 동양의 천문 정보가 기록되어 있는 판본도 존재합니다. 명리학을 보는 사람들은 이러한 정보들의 조합을 바탕으로 하루의 운세를 비롯해 전반적인 운세의 흐름을 파악합니다.

만세력은 정해진 것이기 때문에 생년월일시만 알면 그 사람의 사주팔자를 알 수 있고 그를 통해 운명을 파악할 수 있습니다. 이 때문에 자신의 생년월일시를 함부로 공개하지 않는 경우도 많습니다. 다른 사람이 자신의 운명을 알고 있으면 함부로 이용당하거나 공격당할 수도 있기 때문입니다. 그래서 스스로 자신의 사주를 볼 줄 아는 것이 중요합니다. 남에게 운명을 맡기기보다 스스로 자신의 운명을 파악하는 편이 훨씬 안전하고 정확하기 때문입니다.

만세력 애플리케이션
세팅 및 활용

사주팔자를 확인할 수 있는 방법은 다양합니다. 아날로그적 방식이 편안한 분이라면 책의 형태로 출간된 만세력을 보아도 되고, 그보다 더 손쉬운 방법이 좋다면 스마트폰으로 만세력 애플리케이션을 다운받거나 만세력 서비스를 제공하는 인터넷 사이트에 접속할 수도 있습니다. 아무래도 요즘은 스마트폰이나 PC를 활용하는 분들이 많을 테니 후자의 방법으로 사주를 보는 방법을 설명하겠습니다.

우선 만세력 애플리케이션이나 사이트를 찾아 사주팔자를 알고자 하는 사람의 이름, 성별, 생년월일시 정보를 입력합니다(이 책에서는 원광만세력 애플리케이션을 사용했습니다). 출생한 날과 다른 날짜를 생일로 쇤다면 실제로 출생한 날의 정보를 입력해야 합니다. 출생일을 양력 날짜로 알고 있다면 양력을, 음력 날짜로 알고 있다면 음력을 선택합니다. 그 달이 윤달이었다면 음력 윤달을 선택해야 합니다.

생년월일을 입력하는 방식은 보통 2가지입니다. 하나는 연월일을 숫자로 입력하는 서기 입력 방식이고, 다른 하나는 연주, 월주, 일주, 시주를 직접 입력하는 간지 입력 방식입니다. 출생 시 역시 분 단위로 정확한 시간을 입력할 수도 있고, 2시간 단위의 간지로 입력할 수도 있습니다. 보통 출생지는 기본적으로 '대한민국(-30분)'으로 되어 있으나 그렇지 않은 경우 변경해야 합니다.

다음은 설명의 이해를 돕기 위해 가상으로 설정한 사람의 사주입니다. 이름은 홍길동, 성별은 남자, 생년월일은 양력 서기로 1901년 1월 1일이며 출생 시는 오전 9시입니다. 출생지는 대한민국으로 설정했습니다. 이와 같이 정보를 입력하고 사주팔자를 추출해내자 다음과 같은 창이 나타납니다.

가장 상단에는 이름과 함께 괄호 안에 나이가 나옵니다. 그 아래에 나오는 8개의 한자가 바로 이 사람의 사주팔자입니다. 왼쪽부터 차례대로 시주, 일주, 월주, 연주입니다. 홍길동 씨의 경우, 시주는 무진(戊辰), 일주는 기묘(己卯), 월주는 무자(戊子), 연주는 경자(庚

子)입니다.

그런데 글자들을 자세히 살펴보면 각 글자가 들어 있는 칸마다 옅게 색이 칠해져 있는 모습이 보일 것입니다. 이 색은 각 글자에 해당하는 오행을 나타낸 것입니다. 앞서도 한 번 언급했지만 명리학에서 보통 목(木)은 초록색, 화(火)는 붉은색, 토(土)는 노란색, 금(金)은 흰색, 수(水)는 검은색으로 표현합니다. 이 책에서는 오행으로 사주 읽기를 알려드리는 것이 목적이므로 만세력 애플리케이션에 나온 홍길동 씨의 사주팔자에서 육십갑자(간지)를 제외하고 오행만 색깔로 한눈에 보기 좋게 정리해보겠습니다.

시간	일간	월간	연간
시지	일지	월지	연지

홍길동 씨의 경우, 사주팔자에서 중요하게 보는 두 가지 요소인 일간은 토(土), 월지는 수(水)이며 사주에 드러난 오행은 총 목(木) 1개, 토(土) 4개, 금(金) 1개, 수(水) 2개이고, 화(火)는 없습니다. 사주팔자 아래에 각 오행의 괄호 안에 표기된 숫자는 사주에 드러난 오행의 개수를 만세력 애플리케이션이 자동으로 세어놓은 것입니다. 그런데 여기서 한 가지 잊지 않으셨으면 하는 부분이 있어 이야기를 덧붙입니다. 여기서 예시로 들고 있는 만세력 애플리케이션에 따르면 위에서 언급한 오행의 개수가 맞습니다. 이는 다른 만세력 애플리케이션들도 마찬가지입니다. 그러나 이 책에서는 자신이 태어난 계절의 오행을 통해 자신의 사주를 보는 관점을 알려주는 것을 목적으로 하고 있습니다. 이와 같은 관점에 따르면, 지지의 토

(土)를 처리하는 방식이 미세하게 달라집니다. 즉, 모든 만세력 애플리케이션에서는 '진(辰), 미(未), 술(戌) 축(丑)'을 토(土)로 계산해보여주지만, 지지의 오행을 사계절에 맞춰 배정하면 정확하게는 다음과 같습니다.

봄(木)	=	2월, 3월, 4월	=	인(寅), 묘(卯), **진(辰)**
여름(火)	=	5월, 6월, 7월	=	사(巳), 오(午), **미(未)**
가을(金)	=	8월, 9월, 10월	=	신(申), 유(酉), **술(戌)**
겨울(水)	=	11월, 12월, 1월	=	해(亥), 자(子), **축(丑)**

쉽게 말해 '진(辰), 미(未), 술(戌) 축(丑)'은 애플리케이션상에서는 토(土, 간절기)에 해당하지만 사계절로 나눌 경우에는 각각 봄, 여름, 가을, 겨울의 속성으로 배정됩니다. 이 부분에 대해 염두에 두고 있어야 4장 '일간과 월지로 본 20가지 유형'을 이해할 때에도 어려움이 없습니다. '지지는 계절로 구분한다'는 점을 확실하게 기억해주세요.

이와 더불어서 이 부분을 볼 때 한 가지 유의할 점이 있습니다. 앞서 명리 해석을 할 때 중점적으로 봐야 하는 곳이 월지와 일간이라고 말씀드렸습니다. 일간은 명리의 '주인공 그 자체'이기 때문에 중요하고, 월지는 그 주인공에게 주어진 '환경'이기 때문에 중요합니다. 내가 지닌 힘이 아무리 강하다고 해도 나를 둘러싼 환경을 이해하여 그것을 제대로 이용하지 못하면 뜻을 펼치기가 너무 힘듭니다. 우리는 어디에서 어떤 모습으로 살든지 결국 환경의 영향력 안에서 살아가기 때문입니다.

　가끔 사주를 봐드리다 보면 태어난 날짜를 정확히 모르는 손님이 찾아오시곤 합니다. 일간을 알기 어려운 경우입니다. 그런 분들도 출생 연도와 출생 월만 정확하다면 운의 흐름과 길흉을 어느 정도는 읽어낼 수 있습니다. 일간을 모르니 그분 자체가 어떤 운을 타고난 분인지는 알 수 없지만 그분에게 주어진 환경과 그 환경에 어떤 변화가 찾아오는지, 어떤 방해와 어떤 도움을 받는지 등은 알 수 있기에 미래의 길흉을 충분히 예측하는 것이 가능하기 때문입니다. 즉, 손님 주변의 세상 흐름이 흘러가는 모습과 손님의 월지가 세상의 흐름과 어떻게 반응하는지를 보면 이미 그 손님의 미래를 절반 정도는 읽어낼 수 있습니다. 그런 뒤에 그 손님에 대해 더 구체적인 정보가 더해지면 더욱 풍부한 해석이 가능해지는 것이지요.

　이와 같은 맥락에서 월지의 힘이 가장 세다고 보고, 가장 중요한 만큼 오행의 수를 셀 때 월지에 가중치를 주는 경우도 많습니다. 다시 예시로 돌아와서, 그러므로 홍길동 씨의 경우에는 월지에 해당하는 오행인 수(水)는 1개 더 있는 것으로 봅니다. 즉, 홍길동 씨의 사주에서 오행은 목(木) 1개, 토(土) 4개, 금(金) 1개, 수(水) 3개, 화(火) 0개라고 볼 수 있습니다. 사주에 나타난 오행을 통해 자신의 특성을 파악하는 방법은 3장 '오행으로 사주 읽기 실전 연습'에서 구체적으로 알아보겠습니다.

　93쪽의 그림에서 하단 부분은 대운, 세운, 월운, 일운 등 한 사람이 살면서 맞이하게 되는 운의 흐름이 표시된 부분입니다. 이 부분을 보고 해석하는 방법은 3장 '항목별 운의 흐름 읽기 실전 연습' 부분에서 더 구체적으로 살펴보겠습니다.

오행으로 사주 읽기
실전 연습

만세력 애플리케이션을 활용해 자신의 사주팔자와 오행의 구성을 파악했다면, 이제 이를 바탕으로 해석할 차례입니다. 사주팔자의 오행 조합은 자신의 고유한 특성입니다. 가령, 목(木)이 많으면 무언가를 시작할 수 있는 힘이 있습니다. 화(火)가 많으면 강한 추진력을 가집니다. 토(土)가 많으면 끈기가 있는 편입니다. 금(金)이 많으면 냉정하고 비판적입니다. 수(水)가 많으면 직감이 발달한 사람입니다. 자신의 사주에 오행의 각 요소가 어느 정도 있는지, 어떤 조합으로 있는지 파악하면 자신이 가진 장점과 단점, 가능성 등을 알수 있습니다.

앞서 예시로 든 홍길동 씨의 경우, 사주의 오행 구성이 목(木) 1개, 토(土) 4개, 금(金) 1개, 수(水) 3개, 화(火) 0개였습니다. 만세력 애플리케이션으로 알아낸 사주의 오행 구성과 2장에서 설명한 '오행 심화 해석'의 내용을 조합해 오행으로 사주 읽기 하는 방법을 홍길동 씨의 경우를 예로 들어 구체적으로 설명해보겠습니다.

오행의 개수로 주요 자질을 이해한다

홍길동 씨의 사주에서 가장 많은 오행은 토(土)입니다. 토(土)는 지속하는 힘을 상징합니다. 같은 것을 반복하여 갈고닦는 힘이지요.

따라서 홍길동 씨는 이러한 힘이 크게 발달한 사람이라고 할 수 있습니다. 같은 오행이 3개 이상이면 '많다'고 보기 때문입니다. 마찬가지로 수(水)가 가중치를 포함해서 3개가 있기 때문에 수(水)의 기운도 발달했음을 알 수 있습니다. 수(水)의 기운은 직감과 감성을 발달하게 합니다. 따라서 홍길동 씨는 본질을 직감으로 파악할 줄 알고, 감각에 민감하며, 느긋한 성질을 가지고 있을 것입니다.

이번에는 목(木)을 보겠습니다. 목(木)은 시작하는 힘입니다. 새로운 계획을 세워 실천하는 것을 가능케 하는 힘입니다. 배우고자 하고, 알고자 하며, 새로운 아이디어를 잘 떠올리게 만드는 힘입니다. 홍길동 씨의 사주에서 목(木)은 1개이기 때문에 이러한 성질이 홍길동 씨의 큰 부분을 차지한다고 할 수는 없습니다. 그러나 이러한 자질 역시 가지고 있기 때문에 새로운 시작을 함에 있어서 어렵지 않게 도전할 수 있을 것입니다. 금(金) 역시 1개입니다. 금(金)은 전문성을 지니게 되는 단계라고 앞서 설명했지요. 금(金)은 현실적이고 명예를 추구하는 성질을 의미합니다. 따라서 홍길동 씨는 수(水)의 직관적인 스타일과 더불어 현실적인 면모도 가지고 있습니다. 물론 직관이 더 발달했으며 이것에 더 기대는 모습을 보일 수 있습니다. 하지만 조건을 따질 줄 아는 꼼꼼함 역시 지니고 있기 때문에 충분히 그 부분을 계발한다면 도움이 될 것입니다.

홍길동 씨의 사주에 화(火)는 없습니다. 화(火)가 없는 사람은 예(禮) 성분이 적기 때문에 법도와 예절을 지키는 데 있어서 혼란을 겪을 가능성이 있습니다. 본인은 법도와 예절에 맞게 행동했다고 생각하지만, 상대방은 그렇지 않다고 생각하는 상황이 생길 수도 있는 것이지요. 즉, 사회에서 암묵적으로 정해진 규칙을 눈치채지 못하는 편입니다. 가령, 속상해하는 친구에게 필요한 것은 공감

일 텐데, 위로한답시고 어설픈 농담을 던지는 식입니다. 지나치게 개인적인 부분이지만 본인은 그것을 물을 수 있는 범위 내의 사람이라고 생각하고 무심코 사적인 질문을 던지는 상황이 생기기도 합니다. 이런 경우 사회적 평판이 떨어지거나 인간관계를 맺는 데 있어 장애를 겪을 수 있기 때문에 보완하는 것이 좋습니다. 홍길동 씨는 사회적 법도와 예절을 먼저 알아두는 습관을 지니면 자신의 약점을 극복할 수 있을 것입니다.

오행의 비율을 따지는 것도 중요하다

오행으로 사주를 읽을 때는 오행의 비율을 따져보고 해석하는 것도 중요합니다. 홍길동 씨의 경우, 토(土)와 수(水)는 많고 상대적으로 목(木)과 금(金)은 적습니다. 우선 상대적으로 적은 오행부터 살펴보겠습니다. 목(木)이 적으면 인(仁) 성분이 적습니다. 사람들에게 마음을 쓰는 따스함은 목(木)의 기운에서부터 비롯됩니다. 그런데 목(木)이 하나라면 이런 기운이 적다고 볼 수 있습니다. 그래서 주변 사람에게 다소 무심한 편으로 보일 수 있습니다. 즉, 홍길동 씨는 상대방에 대해 궁금해하지 않고, 그들이 무엇을 필요로 하는지, 어떤 삶을 살고 있는지 크게 신경 쓰지 않는 편입니다. 덕분에 다른 사람을 지나치게 의식하고 그들의 기분에 매번 민감하게 반응하여 스트레스를 받는 일은 덜할 것입니다. 하지만 조금 차가워 보이는 인상으로 남을 수 있습니다. 또한, 주변인에게 무심하기 때문에 주변 사람들이 홍길동 씨에게 서운함을 내비칠 수도 있겠지요. 그러므로 홍길동 씨는 주변인에게 안부를 묻거나 다정하게 말을 건넬 필요가 있습니다. 필요한 것이 있거나 도움이 필요하면 이야기해달라는 말을 덧붙이면 더욱 좋을 테고요.

이번에는 금(金)을 살펴보겠습니다. 금(金)은 옳고 그름에 대한 판단 기준을 얼마나 가지고 있는지를 가늠하는 척도입니다. 의(義)는 옳고 그름을 판단하는 힘이기 때문입니다. 따라서 사주에 금(金)이 적다는 것은 그 사람의 판단 기준이 듬성듬성한 체와 같다는 의미입니다. 금(金)이 많은 사람은 자신만의 판단 기준이 아주 빽빽합니다. 하지만 금(金)이 적은 사람은 이와 반대로 판단 기준이 느슨합니다. 그래서 틈이 많습니다. 자신의 판단이 다소 허술한 분석 위에 세워진 것일 수도 있음을 기억해야 합니다. 통과해야 할 기준이 많으면 판단을 내리기까지 시간이 상대적으로 오래 걸립니다. 금(金)이 적은 사람은 판단 기준이 적기 때문에 빠르게 판단을 내릴 수 있는 편입니다. 그로 인해 빈틈이 생길 수도 있으니 중요한 일이라면 충분히 숙고하고 계획을 세우거나 판단을 내려야 합니다.

이제 상대적으로 많은 오행을 살펴보겠습니다. 토(土)가 많으면 신(信) 성분이 많습니다. 믿음을 가리키는 신(信) 성분이 많으면 꾸준함, 일관성, 합의 등 신용을 중시합니다. 언제 어디서나 동일한 모습을 보여주기 때문에 충분히 예측 가능한 사람이 되어 믿음이 가게 되는 것이지요. 그래서 같은 일을 꾸준히 오래 하는 일에 능하고 변덕스러움을 보이지 않습니다. 그리고 단독으로 결정을 내리기보다는 모두의 동의를 얻어 결정을 내리는 것을 중요시 여깁니다. 홍길동 씨는 이러한 특성이 발달한 사람이라고 할 수 있겠습니다. 그래서 신중하고 안정적인 결정을 내리기 위해 많은 것을 신경 씁니다. 장점이 있다면 단점도 존재합니다. 신중함을 지나치게 중시하다 보면 자연스럽게 고려하는 것이 많아지기 때문에 빠른 선택을 내리기 어렵습니다. 홍길동 씨의 경우, 신중을 기해야 하는 일과 그렇지 않아도 괜찮은 일을 구분한다면 도움이 될 것입니다.

수(水)는 직관을 의미합니다. 짧은 시간 내에 본질을 파악하고 판단을 내리며 핵심을 간파할 수 있는 힘이지요. 수(水)가 많다는 것은 직감이 크게 발달했음을 뜻합니다. 많은 정보를 일일이 분석하지 않더라도 감으로 상당히 정확하게 상황을 이해할 수 있습니다. 상대의 말 속에 숨겨진 감정이나 표정의 이면에 존재하는 생각을 읽어내는 데에도 탁월합니다. 그래서 공감 능력이 뛰어나고 이해가 빠르지만, 자칫하면 상대의 감정을 지나치게 신경 쓰게 될 수도 있습니다. 또한 직감 덕분에 여러 차례의 논리 단계를 훌쩍 건너뛰어 결론에 도달하기도 하는데, 그러한 과정으로 얻은 결론을 사람들이 이해하지 못하거나 오해하기도 합니다. 따라서 수(水)의 기운이 있다면 사람들과 소통할 때는 차근차근 설명하는 과정이 필요합니다. 상대의 속마음에 지나치게 연연하지 않을 필요도 있을 테고요.

이상이 사주팔자에 나타난 오행으로 한 사람의 특성을 파악하는 방식입니다. 해석 내용을 보면 아시겠지만, 특성이라는 것은 말 그대로 특성일 뿐이기에 넘치는 오행이 장점으로 작용할 수도 있고, 단점으로 작용할 수도 있습니다. 그 반대의 경우도 마찬가지입니다. 그리고 이는 주변 환경이 어떠한지, 스스로가 그 특성을 어떻게 운용하는지에 달려 있습니다. 사주에 나타나는 오행을 통해 자신의 특성을 이해하면 스스로가 어떤 사람인지 파악할 수 있게 됩니다. 이를 바탕으로 자신의 장점은 극대화하고, 단점은 장점으로 바꾸거나 보완하는 방법을 찾아내기도 쉬워집니다. 그래서 궁극적으로 삶을 더욱 만족스럽게 살아갈 수 있게 됩니다. 인간관계에 어려움을 겪거나 어떤 일에 대한 자신의 대처 방법에 회의를 느낄 때, 스스로의 특성을 사주팔자를 통해 검토하면 큰 도움이 될 것입니다.

다음의 표는 빠른 해석을 돕기 위한 요약본입니다.

오행	많은 경우	적은 경우
목(木)	인(仁) 성분이 많습니다. 주변 사람을 잘 챙기고 상대방에게 필요해 보이는 것을 잘 건네줍니다. 그러나 받는 사람이 그것을 항상 고맙게 생각한다는 보장이 있는 것은 아닙니다. 오히려 부담스러워할 수 있습니다.	인(仁) 성분이 적습니다. 주변 사람에게 관심이 없어 무심한 편입니다. 그래서 상대가 서운함을 느낄 수 있습니다. 그러나 내가 배려하다가 손해를 보거나 상처를 받는 경우는 적습니다.
화(火)	예(禮) 성분이 많습니다. 법도, 예절 등을 중시합니다. 따라서 좋은 인간관계를 유지하는 데에 필요한 태도가 몸에 배어 있습니다. 그러나 이를 지나치게 중시하여 절차에 시간을 빼앗길 수 있습니다.	예(禮) 성분이 적습니다. 법도, 예절 등을 중시하지만 그것이 사회적으로 합의된 규칙이 아닌, 자신만의 판단으로 형성된 예절이기 때문에 상황에 맞는 예절이 무엇인지 눈치채지 못하는 편입니다. 그만큼 불필요한 절차는 과감히 생략할 줄 압니다.
토(土)	신(信) 성분이 많습니다. 꾸준함, 일관성, 합의 등 신용을 중시합니다. 신중함을 위해 고려하는 것이 많아지는 만큼 생각해야 할 것이 많아 결정이 느릴 수 있습니다.	신(信) 성분이 적습니다. 일관성이 약해지기 쉬워서 다소 변덕스럽게 보일 수도 있습니다. 타당한 이유 또는 명분이 있을 때만 결정을 바꾸도록 해야 합니다. 하지만 유연한 대처에 능합니다.
금(金)	의(義) 성분이 많습니다. 옳고 그름에 대한 기준이 촘촘합니다. 철두철미하고 꼼꼼합니다. 그러나 이는 지나치게 원리원칙을 따지는 고지식한 면으로 작용할 수도 있습니다.	의(義) 성분이 적습니다. 판단 기준이나 필터의 틈이 많습니다. 따라서 허술한 판단을 내리거나 틈이 있는 계획을 세우곤 합니다. 그러나 따지는 것이 적기 때문에 빠른 판단이 필요한 상황에서 빛을 발할 수 있습니다.
수(水)	지(智) 성분이 많습니다. 빠른 판단 능력, 빠르게 핵심을 간파하는 힘이 강합니다. 그래서 본질에 쉽게 다가갈 수 있습니다. 그러나 종종 논리의 단계를 여러 차례 건너뛰기 때문에 상대방이 나의 말을 이해하지 못할 수 있습니다.	지(智) 성분이 적습니다. 따라서 전체를 조망하고 파악하는 능력이 떨어집니다. 상대의 속마음을 쉽게 알아채지 못합니다. 그러나 그만큼 상대의 감정에 휘둘릴 일이 적으며, 차분함과 정리하는 습관으로 단점을 극복하고 지혜를 발휘할 수 있습니다.

오행의 '흐름' 이해=심도 있는 해석의 지름길

그런데 생년월일시를 바탕으로 어떤 사람의 사주를 볼 때 단순히 어떤 재료나 자질을 소유하고 있다고만 해석한다면 다소 아쉬운 해석에 머물고 맙니다. 틀린 것은 아니지만 심도 있는 해석에는 미치지 못하는 것이지요. 계절 역시 순환하기 때문에 오행이 순환하는 것처럼 하나의 흐름으로 봐야 합니다. 봄에 접어들었다고 해서 어느 날짜부터 갑자기 수(水)에서 목(木)으로 교체되는 것은 아닙니다. 여름에 접어들었다고 해서 갑작스럽게 목(木)에서 화(火)로 변하는 것도 아니고요. 즉, 봄에 태어난 사람이라면 기본적으로 목(木)의 성질을 가지고 있겠으나 수생목(水生木), 즉 수(水)의 기운이 목(木)을 생하는 원리에 따라 수(水)에서 목(木)으로 움직이는 기운의 흐름을 가졌음을 무시해서는 안 된다는 의미입니다. 같은 원리로 여름에 태어난 사람이라면 사주에 '목생화(木生火)', 즉 목(木)의 기운이 화(火)를 생하는 흐름을 가지고 있을 것입니다. 그러므로 사주를 볼 때는 각각의 오행만 볼 것이 아니라 그 오행들이 어떠한 흐름으로 이어지는지도 눈여겨봐야 합니다.

이 장의 뒷부분에는 '사주팔자 오행 분석 기록지'를 부록으로 실어두었습니다. 앞서 배운 오행의 개념과 사주팔자 해석 방법을 바탕으로 자신을 비롯해 다른 사람의 사주팔자에 나타나는 오행을 살펴보고 특성을 파악하는 연습을 거듭하다 보면 점차 능숙하고 깊이 있는 해석을 할 수 있게 될 것입니다.

항목별 운의 흐름 읽기 실전 연습

사주팔자에는 타고난 기질이나 성향에 대한 정보 외에 살면서 맞이하게 되는 운의 흐름도 담겨 있다고 말씀드리며, 각 운의 개념에 대해서도 살펴보았습니다(35~37쪽 '사주에 담긴 운: 대운, 세운, 월운, 일운' 참조). 이번에는 만세력 애플리케이션에 나타난 대운, 세운, 월운, 일운 정보를 읽고 운의 흐름을 읽는 방법을 배워보겠습니다. 앞에서 보았던 홍길동 씨의 사주팔자 정보를 다시 불러오겠습니다. 운의 흐름을 살필 때 우리가 봐야 할 부분은 다음의 그림에서 노란색 사각형으로 표시된 부분입니다.

①은 대운의 흐름을 나타내는 영역입니다. ①의 윗줄에 '1.6, 12, 22, 32…'로 이어지는 숫자는 대운을 맞이하는 나이입니다. ①의 아랫줄에 '1901, 1902, 1903…'으로 이어지는 숫자는 연도입니다. ②는 세운의 흐름을 나타내는 영역입니다. ②의 아랫줄에 '1, 2, 3…'으로 이어지는 숫자는 나이입니다. ③은 월운의 흐름을 나타내는 영역입니다. ③의 아랫줄에 '1, 2, 3…'으로 이어지는 숫자는 12개월을 나타냅니다. 만세력에서 특정 연도를 하나 선택하면 ③에 해당 연도의 월별 만세력이 표시됩니다. 그다음 월운의 흐름을 나타내는 영역에서 추가적으로 특정 월을 클릭하면 해당 연도의 특정 월의 달력이 새로운 팝업창으로 뜨는데 이를 통해 일운을 알 수 있

습니다. 그럼 각각의 운을 읽는 법을 보다 상세히 알아보도록 하겠습니다.

대운의 흐름 파악하는 법

앞서도 언급했지만, 대운은 10년마다 바뀌는 운으로 사람마다 시작하는 때가 다릅니다. 어떤 이는 대운이 7세부터 시작되고, 어떤 이는 1세부터 시작됩니다. 여기서 '시작'이란 10년이라는 사이클이 시작되는 해를 가리킵니다. 만세력은 오른쪽에서 왼쪽 방향으로 읽는 것이 순서이므로 대운이 시작되는 시점도 맨 오른쪽에 표기되어 있습니다. 다음 그림에서 노란색 사각형으로 표시한 부분이 대운의 흐름을 나타내는 영역입니다.

예시로 든 홍길동 씨의 경우, 1.6세부터 대운이 시작됩니다. 이

때 소수점 아래 자릿수는 올려 읽으므로 홍길동 씨는 일의 자릿수
가 2인 나이마다 대운이 바뀐다고 보면 됩니다. 그래서 오른쪽에서
부터 왼쪽 방향으로 차례대로 1.6, 12, 22, 32…로 숫자가 이어집니
다. 대운이 바뀐다는 것은 운명에 큰 변화가 일어난다는 뜻입니다.
홍길동 씨의 경우 12세, 22세, 32세 등에 큰 변화가 일어납니다. 대
운이 바뀌는 시점을 적절히 활용하면 운명을 크게 변화시킬 수 있
습니다.

  만세력 애플리케이션에서 대운이 표기된 긴 직사각형을 오른쪽
으로 스크롤하면 100세 정도까지의 대운을 볼 수 있습니다. 100세
이상의 대운이 궁금하다면 육십갑자가 오는 순서대로 세면 됩니다.
대운의 육십갑자는 오행의 순서대로 진행됩니다. 우선 대운을 나타
내는 영역의 상단은 천간인 '갑(甲), 을(乙), 병(丙), 정(丁), 무(戊),

기(己), 경(庚), 신(辛), 임(壬), 계(癸)'가 반복됩니다. '갑(甲), 을(乙)' 은 목(木), '병(丙), 정(丁)'은 화(火), '무(戊), 기(己)'는 토(土), '경(庚), 신(辛)'은 금(金), '임(壬), 계(癸)'는 수(水)의 속성을 가지므로 이를 반영해 만세력 애플리케이션의 대운 영역의 육십갑자도 색깔 로 표시됩니다. 홍길동 씨의 경우, 1.6세에 '기(己)'부터 차례로 순환 이 시작됨을 볼 수 있습니다.

대운을 나타내는 영역의 하단은 지지인 '자(子), 축(丑), 인(寅), 묘(卯), 진(辰), 사(巳), 오(午), 미(未), 신(申), 유(酉), 술(戌), 해(亥)' 가 반복됩니다. 12지지에서 '인(寅), 묘(卯), 진(辰)'은 봄에 해당하 며 '인(寅), 묘(卯)'는 목(木), '진(辰)'은 토(土)의 속성을 가집니다. '사(巳), 오(午), 미(未)'는 여름에 해당하며 '사(巳), 오(午)'는 화(火), '미(未)'는 토(土)의 속성을 가집니다. '신(申), 유(酉), 술(戌)'은 가 을이며 '신(申), 유(酉)'는 금(金), '술(戌)'은 토(土)의 속성을 가집니 다. '해(亥), 자(子), 축(丑)'은 겨울이며 '해(亥), 자(子)'는 수(水), '축(丑)'은 토(土)의 속성을 가집니다(95쪽 표 참조). 12지지는 환절기 를 의미하는 토(土)를 사이에 두고 '목-화-금-수'의 순환이 계속됩 니다. 홍길동 씨의 경우, 1.6세에 '축(丑)'부터 차례로 순환이 시작됨 을 볼 수 있습니다.

이와 같은 오행의 흐름에 따라 매해 천간과 지지가 하나의 조합 을 이루는데, 이를 태세(太歲)라고 부릅니다. 쉽게 말해 태세는 그 해의 간지를 뜻합니다. 우리가 흔히 '태세를 전환하다'라고 말할 때 의 그 태세가 여기에서 비롯된 말입니다.

그런데 대운의 육십갑자가 늘 '목-화-토-금-수'의 순서로 진행 하는 것(순행)은 아닙니다. 어떤 사주의 경우에는 대운의 육십갑자 가 '수-금-토-화-목'의 순서로 역행하기도 합니다. 간혹 '거스름'이라는 개념에 거부감을 느끼고 역행하는 대운이 나쁜 것이라고 오해하는 분들이 계십니다. 하지만 순행과 역행은 그저 흐르는 방향을 나타내는 것일 뿐, 옳고 그름, 좋고 나쁨이 없습니다. 마치 왼쪽과 오른쪽처럼 말입니다. 물론 왼손잡이가 오른손잡이보다 세상을 살아가는 동안 부딪히는 것이 조금 더 많을 수는 있습니다. 마찬가지로 사주에서 운의 흐름상 육십갑자가 역행하는 사람은 순행인 사람과 다른 삶의 경험을 느낄 것입니다. 그러나 왼손잡이가 오른손잡이보다 '더 좋다/나쁘다', '더 올바르다/그렇지 않다'고 할 수 없는 것처럼 순행과 역행도 그 사람의 사주가 갖는 하나의 특징일 뿐 특정한 가치가 부여되지 않습니다.

세운, 월운, 일운의 흐름 파악하는 법

앞서도 언급했지만 세운은 해마다 바뀌는 운이고, 월운은 월마다 바뀌는 운입니다. 다음 그림에서 노란색 사각형으로 표시한 부

분이 각각 세운(왼쪽)과 월운(오른쪽)의 흐름을 나타내는 영역입니다. 오행의 흐름에 따라 세운과 월운, 일운도 천간과 지지가 하나의 조합을 이루는데, 그달의 간지를 월건(月建), 그날의 간지를 일진(日辰)이라고 부릅니다.

세운과 월운도 대운처럼 오른쪽에서 왼쪽 방향으로 읽습니다. 108쪽 하단의 그림을 예로 들면, 세운이 표기된 긴 직사각형을 오른쪽으로 밀면 1911년 이후의 세운을 확인할 수 있습니다. 세운의 흐름을 나타내는 영역 바로 아래 칸을 살펴보면 짙은 회색 띠가 보입니다. 여기에 나타나는 정보는 현재 날짜입니다. 대운, 세운과는 달리 월운은 월을 의미하는 숫자 1~12가 육십갑자 아래에 적혀 있습니다. 이 부분을 제외하고 나머지 부분은 대운, 세운과 동일합니다. 파란색으로 자동 선택되어 있는 부분은 사주를 검색한 시점의 월을 의미합니다.

일운은 월운 부분에서 운을 살펴보고자 하는 월을 선택해 클릭

하면 그달의 날짜들이 달력 형태로 나타납니다. 운을 살펴보고자 하는 날짜를 선택하면 그날의 상세한 일운 정보를 알 수 있습니다.

현재 시점이 아닌 다른 날짜의 운을 보기 위해서는 상단의 화살 표를 왼쪽이나 오른쪽 방향으로 스크롤하면 됩니다. 그러나 스크롤로 확인하기 어려울 만큼 날짜가 멀리 떨어져 있을 경우, 팝업 창을 닫고 달력 화면을 벗어나서 대운이나 세운 부분에서 운을 보고자 하는 날짜를 다시 선택하는 방식이 더욱 빠릅니다.

내 사주의 오행과 항목별 운에 나타난 오행을 비교한다

이 책에서는 사주를 읽는 여러 방법 중 오행으로 읽는 법을 알려 드리는 것이 목표라고 말씀드렸습니다. 오행으로 사주 읽는 방법의 핵심은 나의 사주팔자에 나오는 오행과 만세력에 표시된 항목별 운의 흐름에 니타난 오행을 비교, 분석히는 것입니다. 앞서 사주를 구성하는 8개의 글자 중 월지와 일간이 중요하다고 말씀드렸습니다. 특히 일간의 오행은 그 사람의 주요한 속성을 가리킵니다. 그래서 대운, 태세(그해의 간지), 월건(그달의 간지), 일진(그날의 간지)에 일간의 오행과 같은 속성이 오면 해당 시기에는 비교적 장애물이 없고 수월하게 흘러간다고 볼 수 있습니다. 또는, 대운이나 태세, 월건, 일진 등에 오행의 흐름에 어울리는 속성이 와도 도움이 됩니다.

가령, 앞서 살펴본 홍길동 씨는 일간의 오행이 토(土)였습니다. 오행의 상생 관계에 따르면 '토(土)'는 '화생토(火生土)'라 해서 화(火)로부터 생(生)을 받습니다. 또한, 오행의 상극 관계에 따르면 '토(土)'는 '목극토(木剋土)'라고 해서 목으로부터 극(剋)을 받습니다. '극(剋)을 받는다'는 것은 내가 누군가로부터 조절을 당하거나 주도권을 빼앗긴다는 말이기도 하지만 무조건 부정적으로 해석할 것은 아닙니다. 왜냐하면 외부의 조정을 받는 상황을 내가 어떻게 받아들이느냐에 따라 좋은 방향으로도 나의 능력이 상승할 수도 있기 때문입니다. 즉, 일간의 오행이 토(土)인 홍길동 씨는 목(木)과 화(火)가 있는 대운, 태세, 월건, 일진에서 충분히 실력을 발휘할 수 있다고 해석이 가능합니다. 반대로 대운이나 태세, 월건, 일진 등에 일간의 오행과 비교적 어울리지 않는 속성이 겹친다면 그것을 보완할 방법을 찾아야 합니다.

앞서 오행으로 사주를 읽기 위해서는 오행의 흐름과 그들 사이의 관계를 잘 이해해야 한다고 말씀드렸습니다. 그 이유는 오행의 흐름과 그들 사이의 상생/상극 관계를 이해해야만 나의 사주에 나타난 오행과 항목별 운의 흐름에 나타나는 오행의 변화를 비교, 분석해서 해석하는 것이 가능하기 때문입니다.

내 사주의 오행 흐름을 알면 좋은 시기를 파악할 수 있다

또한, 만세력 애플리케이션을 활용해 내 사주에서 오행의 흐름이 어떠한지를 파악하면 어떠한 일을 추진하기에 적절한 시기를 예측할 수 있습니다. 가령, 목(木)이 있는 시기(초록색)에는 무언가를 시작하기 좋습니다. 화(火)가 있는 시기(붉은색)에는 폭발적으로 성장할 수 있는 환경이 갖춰집니다. 토(土)가 있는 시기(노란색)에는 꾸준히 한 가지를 오래 지속해야 합니다. 금(金)이 있는 시기(흰색)에는 결실을 맺습니다. 수(水)가 있는 시기(검은색)에는 삶을 즐길 수 있는 기회가 옵니다. 이는 대운, 태세, 월건, 일진의 흐름을 각각 따져보며 판단해야 합니다. 자신의 현재 상황과 앞으로 다가올 오행의 흐름을 파악해 무엇을 해야 하는 시기인지 알 수 있다면 그것에 맞춰 미래를 든든하게 준비할 수 있습니다.

사주팔자
오행 분석 기록지

1. 만세력 애플리케이션을 실행한 후 자신의 출생 정보를 입력했을 때 나온 사주팔자를 참조하여 아래의 각 칸에 오행을 표기해 봅니다.

시간	일간	월간	연간
시시	일시	월시	연시

2. 그다음, 오행의 개수를 세어보고 많은 것, 적은 것, 없는 것으로 나눠 정리합니다. 0개일 때는 '없다', 1개일 때는 '적다', 2개일 때는 '많은 편이다', 3개 이상일 때는 '매우 많다'고 볼 수 있습니다. 이때 월지에 해당하는 오행은 가중치를 두어 +1로 계산합니다.

오행	목(木)	화(火)	토(土)	금(金)	수(水)
개수					

많은 것(2개 이상)	적은 것(1개)	없는 것(0개)

3. 본문 2장에 정리된 오행의 특징을 떠올리며, 사주팔자에 나타난 오행을 해석해봅니다.

오행으로 사주 읽기:
실제 인물 사례

　사주에서의 운은 '나에게 이런 일이 발생할 것이다'라는 선언과는 거리가 멉니다. 운은 타고나는 것이지만, 운명을 만드는 것은 결국 나 자신의 선택입니다. 내가 어떤 삶의 태도를 선택하는지에 따라 운명은 바뀔 수도 있습니다. '운을 탄다'는 말의 의미는 나의 타고난 운을 알고 그 흐름 위에 올라타 주도적이고 적극적으로 내 삶을 만들어간다는 뜻입니다. 다음의 내용들은 눈에 띄는 궤적을 남겼거나 남기는 중인 실제 인물들의 사주를 오행으로 읽어내어 이들에게 어떤 운이 주어졌는지 살펴보고, 실제 그들의 삶과 견주어본 것입니다. 실제 인물들의 사례를 통해 지금까지 익힌 내용들을 되새겨보시길 바랍니다.

　오행으로 운을 읽기 위해서 사용하는 것은 '생(生)', '극(剋)', '동일', 이렇게 3가지입니다. 생(生)의 종류는 5개입니다. '목생화(木生火)', '화생토(火生土)', '토생금(土生金)', '금생수(金生水)', '수생목(水生木)'입니다. 극(剋)의 종류도 5개입니다. '목극토(木剋土)', '토극수(土剋水)', '수극화(水剋火)', '화극금(火剋金)', '금극목(金剋木)'입니다. (이에 대해서는 56~63쪽 '오행의 상생 관계와 그 의미', '오행의 상극 관계와 그 의미'에 자세히 정리되어 있습니다.)

　생(生)을 하는 것과 생(生)을 받는 것은 각각 다르므로 생(生)에도 5개의 테마가 있습니다. 또한, 극(剋)을 하는 것과 극(剋)을 받는 것은 각각 다르므로 극(剋)에도 5개의 테마가 있습니다. 이때 생

(生)은 도움을 받는 것, 극(剋)은 규제를 받는 것이라고 단편적으로 이해하면 안 됩니다. 여기서는 실제 운의 흐름 속에서 생(生)과 극(剋)의 다양한 사례들을 어떻게 풀이하고 있는지를 주의 깊게 보시면 명리학 공부에 도움이 될 것입니다.

참고로 여기에서 제시하고 있는 일곱 명의 사주팔자는 인터넷 상에 올라와 있는 생년월일을 기준으로 본 것입니다. 태어난 시각은 개인 정보이기에 정확히 알 수 없으므로 비워두었으며 이에 따라 정확도가 떨어질 수도 있습니다.

(1) 이병철(기업인, 삼성 창업주)

생년월일	1910년 2월 12일		
팔자 원국	오행으로만 표시함		
시주	**일주**	**월주**	**연주**
—	土	土	金
—	金	木	金

오행 개수				
木	火	土	金	水
1	0	2	3	0

운의 흐름(=대운)							
78	68	58	48	38	28	18	8
火	木	木	水	水	金	金	土
金	金	金	火	火	火	木	木

오행 분석	봄에 태어난 토(土)

꾸준한 노력으로 성장을 추구하며, 스스로 목표를 정하고 한 걸음 한 걸음 나아가는 노력파입니다. 목표를 설정하고 나면 크게 밀어붙일 수 있는 과감함도 가지고 있습니다.

① 8대운

• 천간: 토(土)가 왔고, 월지 목(木)에게 극을 받습니다(목극토 [木剋土]). 꾸준하게 자신의 능력을 향상시켜가는 운입니다. 환경에 적응하면서 발전할 것인지, 계발을 통해서 발전할 것인지를 스스로 선택할 수 있습니다.

• 지지: 봄(木)이 왔고, 월지 목(木)과 같은 오행입니다. 하고 싶은 것도 많고, 잘하는 것도 많은 재능이 넘치는 시기였을 것으로 보입니다.

⇨ 1920년, 열한 살이었던 이병철은 경남 진주군의 지수공립보통학교에서 경성(서울)의 수송공립보통학교로 전학을 가게 됩니다. 이후 경상도 사투리로 인해 의사소통의 어려움을 겪었지만, 적응하고 극복해냅니다. 이후 중학교에 진학하여 우수한 성적을 받습니다.

② 18대운, 28대운

• 천간: 금(金)이 왔고, 월지 목(木)을 극을 합니다(금극목[金剋木]). 더욱 잘하게 되기 위해 교정과 보완을 받아들여야 하는 시기입니다. 교정은 나의 잘못된 점을 고치는 것이고, 보완은 나의 부족한 점을 채우는 것입니다. 이런 시기에는 미래 구상을 하게 됩니다.

• 18대운 지지: 봄(木)이 왔고, 월지 목(木)과 같은 오행입니다. 발전을 꿈꾸는 운입니다. 더욱 큰 성장을 위해 유학도 욕심낼 수 있는 운입니다. (사주 원국에는 금[金]이 많은데 운에서도 천간에 금[金]이 또 들어와서 지지의 목[木]운과 상극의 관계가 더욱 커져서 건강상의 문제가 따라올 수 있으니 주의해야 합니다. 일지가 금[金]이라서 폐, 대장과 관련이 있는 병일 가능성이 높습니다. 육체적 건강이 아니면 심리적 문제를 겪을 수 있습니다.)

• 28대운 지지: 여름(火)이 왔고, 월지 목(木)에게 생을 받습니다(목생화[木生火]). 시스템이 만들어지는 시기로 협업을 통해 성취를 맛볼 수 있습니다. 갖춰진 시스템 안으로 들어가는 것도 가능하고, 나만의 시스템을 만드는 것도 가능합니다. 다양한 시도들을 통해 성장할 것으로 보입니다.

⇨ 18대운인 1929년 이병철은 일본으로 유학하여 와세다대학교 정치경제학과에 입학하게 됩니다. 일본에 머물면서 일본 공업의 실상을 파악했고 많은 것을 배웠으나, 건강 문제로 1931년 자퇴 후 귀국합니다. 하지만 귀국 이후 노름에 빠져 방황하던 중, 자신의 아이들을 보고 허송세월을 그만두고 사업을 시작해 인생을 바꾸기로 다짐합니다. 월지가 생할 때는 '자신이 주변을 지원하고 개선시켜야 하며, 도움을 받는 대신, 도움을 주는 시기'라고 했습니다. 28대운에 이병철은 삼성상회를 창업하고 중국 수출까지 성공할 정도로

번성하도록 키워냅니다.

③ 38대운, 48대운

• 천간: 수(水)가 왔고, 월지 목(木)을 생을 해줍니다(수생목[水生木]). 새로운 것들을 배우고 습득할 수 있는 기회를 제공받는 운입니다. 또한 배운 것들을 활용하고 사용할 수도 있습니다.

• 지지: 여름(火)이 왔고, 월지 목(木)에게 생을 받습니다(목생화[木生火]). 시스템이 만들어지는 시기로 협업을 통해 성취를 맛볼 수 있습니다. 점점 자신만의 시스템을 만드는 방향으로 변화할 것으로 보입니다. 사업의 다변화도 가능합니다.

▷ 월지가 생을 받을 때는 주위의 도움을 받는다고 했습니다. 38대운에 한국전쟁이 일어났고, 전쟁 당시 서울에서 북한군을 피해 도망을 다니던 이병철은 그의 운전기사 위대식의 도움으로 간신히 서울을 탈출해 목숨을 건집니다. 전쟁 이후 이병철은 사업을 다시 시작합니다. 그는 사방에 널린 고철을 수집하여 일본에 팔았고, 이후 중국과도 거래하여 6개월 만에 당시 기준으로 10억 원을 벌어들입니다.

④ 58대운, 68대운

• 천간: 목(木)이 왔고, 월지 목(木)과 같은 오행입니다. 자신의 의지대로 밀어붙이고 뜻을 관철시켜 나가는 추진력이 살아납니다.

• 지지: 가을(金)이 왔고, 월지 목(木)을 극을 합니다(금극목[金剋木]). 교정, 보완 등의 조정으로 더욱 효율적이게 되고 실수가 줄어들게 됩니다.

• 천간과 지지의 관계도 '금극목(金剋木)'으로 자신의 생각 또한

교정, 보완되어 더욱 정확해질 것입니다.

⇨ 58대운부터 건강의 적신호가 켜질 것입니다. 어릴 때부터 가져온 병이므로 집중적인 관리가 필요합니다. 58대운인 1969년에 이병철은 삼성전자와 삼성전기를 설립하여 더욱더 추진력 있게 사업을 키웁니다. 하지만 68대운인 1976년에는 위암, 1985년에는 폐암을 판정받습니다.

⑤ **78대운**

• 천간: 화(火)가 왔고, 월지 목(木)의 생을 받습니다(목생화[木生火]). 팀/조직이 만들어지고 규칙이나 제도가 만들어지는 시기입니다.

• 지지: 가을(金)이 왔고, 월지 목(木)을 극을 합니다(금극목[金剋木]). 교정 및 보완을 통해 조정받고 더욱 효율적으로 변해갑니다. 이 시기에는 협업 구조를 만들거나 승계 작업을 진행하기에 좋을 것 같습니다.

⇨ 이병철은 1987년 11월 19일 사망합니다.

(2) 스티브 잡스(기업인, 애플 창업주)

생년월일	1955년 2월 24일		
팔자 원국	오행으로만 표시함		
시주	**일주**	**월주**	**연주**
—	火	土	木
—	木	木	火

오행 개수				
木	火	土	金	水
3	2	1	0	0

운의 흐름(=대운)							
76	66	56	46	36	26	16	6
金	金	水	水	木	木	火	火
火	火	金	金	金	水	水	水

오행 분석	봄에 태어난 화(火)

강력한 추진력과 그것을 조절해줄 인성을 갖추었습니다. 인간을 이해하고 포용하는 성향을 삶에서 잘 활용하면 좋을 것입니다.

① 6대운, 16대운

• 천간: 화(火)가 왔고, 월지 목(木)에게 생을 받습니다(목생화[木生火]). 아직 어린 나이이기는 하지만, 가족이나 조직이 만들어지고 역할이 변화하는 운입니다. 이런 변화 속에서는 스스로가 어떻게 적응할 것인지가 중요합니다.

• 지지: 겨울(水)이 왔고, 월지 목(木)을 생을 해줍니다(수생목[水生木]). 배우고 익히며 자신을 성장시켜가는 시기입니다.

▷ 열두 살의 스티브 잡스는 휴렛팩커드에 무턱대고 전화해서 주파수 계수기에 필요한 부품을 얻었을 뿐만 아니라 이를 계기

로 일자리까지 제안을 받습니다. 그곳에서 인턴 생활을 하면서 훗날 애플의 동업자가 되는 스티브 워즈니악을 처음 만납니다. 이후 1976년 16대운에 그는 워즈니악과 함께 애플을 공동 창업합니다.

② 26대운, 36대운

• 천간: 목(木)이 왔고, 월지 목(木)과 같은 오행입니다. 자기 의사를 관철시키고, 자기 계획을 실행하는 힘이 더욱 강해집니다.

• 26대운 지지: 겨울(水)이고, 월지 목(木)을 생을 해줍니다(수생목[水生木]). 배우고 익히며, 자신만의 플랜을 세우고 도전하는 시기입니다.

• 36대운 지지: 가을(金)이 왔고, 월지 목(木)을 극을 합니다(금극목[金剋木]). 나의 아이디어를 교정하고 보완하여 더욱 완성도를 높여갑니다. 자기 의사를 관철시키는 힘도 강하니 자기 확신도 강해질 수 있습니다.

⇨ 이 무렵 스티브 잡스는 자신의 고집을 강하게 밀어붙였지만 받아들여지지 않았고, 결국 자신이 만든 회사 애플에서 퇴출됩니다. 하지만 자신을 믿어주는 몇몇 사람들과 함께 애플을 나와 새 회사 넥스트(NeXT)를 설립하고, 넥스트 스텝(NeXTStep)이라는 세계 최초의 객체 지향 운영체제를 개발합니다. 또한, 이 시기 조지 루카스 감독으로부터 픽사(Pixar)를 인수합니다. 그리고 36대운이 찾아오는 1996년, 적자로 어려움을 겪으며 새로운 체제를 필요로 했던 애플이 넥스트를 고가에 인수하게 됩니다. 이로써 스티브 잡스는 애플을 떠난 지 13년 만에 애플의 경영 컨설턴트로서 화려하게 복귀합니다.

③ 46대운, 56대운

• 천간: 수(水)가 왔고, 월지 목(木)을 생을 해줍니다(수생목[水生木]). 또다시 배우고 익히는 운이 왔습니다. 새로운 아이디어로 무장할 수 있을 것입니다. 타인으로부터 힌트를 얻을 수도 있습니다.

• 지지: 가을(金)이 왔고, 월지 목(木)을 극을 합니다(금극목[金剋木]). 나의 아이디어를 교정하고 보완하여 더욱 완성도를 높여갑니다.

• 천간과 지지의 관계는 '금생수(金生水)'로 나의 가치, 내 물건의 가치를 인정받고 비싸게 팔 수 있는 운입니다. 46대운부터는 건강상의 문제가 터져 나올 것입니다. 이는 36대운부터 관리를 철저히 했어야만 무사히 넘길 수 있습니다. (어릴 때부터 머리 쓰는 것 못지않게 육체 단련도 하셨다면 더 좋았을 것입니다.)

⇨ 스티브 잡스는 46대운부터 아이팟, 아이폰, 아이패드 등 혁신적인 스마트 기기들을 줄줄이 출시하여 세계의 주목을 받습니다. 하지만 건강 문제(췌장암)로 인해 2011년에 생을 마감합니다.

(3) 일론 머스크(기업인, 테슬라 CEO)

생년월일	1971년 6월 28일		
팔자 원국	오행으로만 표시함		
시주	**일주**	**월주**	**연주**
一	木	木	金
一	金	火	水

오행 개수				
木	火	土	金	水
2	1	0	2	1

운의 흐름(=대운)							
77	67	57	47	37	27	17	7
火	火	土	土	金	金	水	水
金	水	水	水	木	木	木	火

오행 분석	여름에 태어난 목(木)

외향성, 사교성, 호기심이 많으며, 적극적으로 사는 사람으로 보입니다. 게다가 오행의 숫자로 볼 때 금(金)이 많은 편이라서 꼼꼼하고 세밀하기까지 한 것이 특징입니다.

① 7대운, 17대운

• 천간: 수(水)가 왔고, 월지 화(火)가 극을 받습니다(수극화[水剋火]). 어린 나이이지만 이때부터 이미 개인의 목적과 조직의 목적 사이에서 선택을 잘해내야 하는 과제를 수행합니다. 세상을 바라보는 자신만의 시각이 빠르게 형성됐을 것으로 예상됩니다.

• 지지: 7대운에서는 지지가 월지와 동일한 여름(火)이기 때문에 자기 개인의 목적과 계획을 쫓았을 것으로 보입니다. 17대운에서는 지지가 봄(木)으로 변하면서 '목생화(木生火)'의 영향으로 조직 안에서 자신의 역할을 숙고하고 조직을 만들어야겠다는 생각으

로 변화했을 것으로 보입니다.

⇨ 열 살 때 부모님이 이혼하고 학교에서 따돌림을 당하던 일론 머스크는 불우한 어린 시절을 보냈습니다. 하지만 독서를 좋아했고, 컴퓨터 프로그래밍에 관심을 가졌습니다. 결국 7대운인 1983년에 비디오게임을 직접 만들어 500달러에 판매하는 데 성공합니다. 1995년에는 스탠퍼드대학교 박사과정에도 합격했으나 등록하지 않고 창업의 길을 걷게 됩니다. 결국 17대운인 1995년에 Zip2라는 회사를 창업합니다.

② 27대운, 37대운

• 천간: 월지 화(火)가 금(金)을 극합니다(화극금[火剋金]). 전문가로서 성장해나가는 운입니다. 기술자가 될 것인지, 기술자를 지휘하는 관리자가 될 것인지를 잘 선택해야 합니다.

• 지지: 27대운과 37대운 모두 봄(木)입니다. '목생화(木生火)'로 팀이나 조직 차원의 생각을 하게 되니 전문 기술자가 되려는 생각을 가졌던 사람일지라도 관리자 또는 경영자가 되는 계획을 세우고 실천했을 것으로 보입니다.

⇨ 27대운에 일론 머스크는 사업의 규모를 점점 더 키웁니다. 1999년에 Zip2를 매각하고 1,000만 달러를 투자해서 온라인 뱅킹 플랫폼 엑스닷컴(X.com)을 창업합니다. 또한, 2002년 6월에는 우주 기업 스페이스X(SpaceX)를 창업하고, 2004년엔 전기차 회사 테슬라(Tesla, Inc.)의 CEO가 됩니다.

③ 47대운, 57대운

• 천간: 월지 화(火)가 토(土)를 생합니다(화생토[火生土]). 역할

을 수행하며 나의 능력치를 상승시켜서 현실이 요구하는 실력을 더욱 끌어올려야 합니다. 전문가가 될 것인지, 다방면에 능숙한 숙련자가 될 것인지를 잘 생각해서 행동해야 하는 운입니다.

　• 지지: 47대운과 57대운 모두 겨울(水)입니다. '수극화(水剋火)'로 화(火)가 수(水)의 극을 받으니, 조직의 운영에 있어 새로운 목표, 변화된 목적이 생겨나고 그에 맞게 방향성과 규칙이 변화될 것입니다. 돈이 되지 않던 사업은 접는다거나 방만했던 경영을 조절한다거나 사업을 확장하기 위한 현실적인 방법을 찾아야 하고 변화해야 합니다. 건강관리에서도 생활 습관, 식습관, 운동 습관 등을 바꾸는 등 적극적인 변화가 필요합니다.

　▷ 47대운 이후 머스크가 이끄는 우주 기업 스페이스 X는 괄목할 만한 성과를 거둡니다. 머스크는 수많은 로켓 발사 실패를 바탕으로 팰컨 9, 팰컨 헤비 재사용 발사체를 개발합니다. 현재 머스크는 인류를 화성에 보내겠다는 목표를 세우고 더욱 적극적으로 우주 산업을 운영 중입니다. 머스크는 인공지능에도 큰 관심을 보이며 뉴럴링크(Neuralink)도 창업합니다. 2022년에는 거액을 들여 트위터(Twitter)를 인수하는데, 이후 독단적인 경영 방식이 구설에 오르기도 했습니다.

④ 67대운, 77대운

　• 천간: 월지 화(火)와 동일한 오행입니다. 월지와 같은 오행이 왔다는 것은 나의 추진력이 상승하고 강해지는 것을 의미합니다. 많은 나이에도 불구하고 자신이 하고자 하는 바를 강하게 밀어붙이며 정력적으로 살아갈 수 있습니다.

　• 67대운 지지: 겨울(水)입니다(수극화[水剋火]). 조직이나 시스

템을 운영함에 있어서 목적의 변화가 나타나기 시작하는 시기입니다. 운영하던 계열사들을 합병하거나 또는 매각하는 등의 조정을 통해 향후 사업 계획에 맞도록 변화를 서서히 진행시키게 될 것으로 보입니다. 관심 없는 사업들은 정리하고 애착 있는 사업 하나에만 집중하는 방향으로 간다면 좋을 것 같습니다.

• 77대운 지지: 가을(金)입니다(화극금[火剋金]). 고군분투해왔던 일들을 정리하고 마무리 지어야 하는 시기입니다. 계속해서 이끌어 갈 것인지, 아니면 자리에서 물러날 것인지 등 자신의 역할을 받아들이고 따라야 합니다. 지난 세월에 많은 성과를 만들었으니 이제는 뒤에서 활동하면서 그 명성을 즐기시면 좋겠습니다.

(4) 안중근(독립운동가)

생년월일	1879년 9월 2일		
팔자 원국	오행으로만 표시함		
시주	일주	월주	연주
―	土	水	土
―	水	金	木

오행 개수				
木	火	土	金	水
1	0	2	1	2

운의 흐름(=대운)							
78	68	58	48	38	28	18	8
木	木	火	火	土	土	金	金
水	水	木	木	木	火	火	火

오행 분석	가을에 태어난 토(土)

빨리 배우고 기술을 잘 활용하는 재능을 가졌습니다. 현장형 인재입니다. 조직의 목표를 중요하게 생각하고 목표를 달성하고자 하는 욕구 또한 강합니다.

① 8대운, 18대운

• 천간: 8대운과 18대운 모두 월지 금(金)과 동일한 오행인 금(金)이 왔습니다. 스스로 찾아서 열심히 공부하고 단련하는 적극성이 드러나는 시기입니다.

• 지지: 8대운과 18대운 모두 지지가 여름(火)입니다(화극금[火剋金]). 전문 기술자가 될 것인지 관리자가 될 것인지를 잘 선택해야 하는 운입니다. 천간에 자기 자신의 뜻을 좇는 기운이 왔으니 자신이 전문가가 되는 길을 선택했을 것으로 보입니다.

⇨ 안중근은 평소 말타기와 활쏘기를 즐겼고, 총까지 잘 쏘았던 명사수였습니다. 1897년 18대운에 안중근은 아버지를 따라 천주교에 입교하여 신학을 열심히 배웁니다. 1904년에는 평양에서 석탄 장사를 하고 있었으나, 1905년 을사늑약이 체결되자 독립운동에 투신합니다.

② 28대운

- 천간: 토(土)가 왔습니다(토생금[土生金]). 그동안 갈고닦은 자신의 재능과 실력을 드러내야 하는 운이 왔습니다.
- 지지: 여름(火)이 왔습니다(화극금[火剋金]). 이전 대운에서 전문가가 되는 길을 선택했을 것이고, 자신의 능력을 펼치고 인정받는 운입니다.

⇨ 1907년 안중근은 국채보상기성회 관서지부장이 되면서 항일운동에 본격적으로 뛰어듭니다. 같은 해 7월에는 북간도 등을 거쳐 블라디보스토크로 가서 한인청년회 임시사찰로 활동합니다. 이곳에서 동지들을 만나 독립운동의 방향을 논의하고 의병을 모으고 대한의군 참모중장으로서 전투를 이끕니다. 그리고 1909년 10월 26일, 하얼빈에 도착한 이토 히로부미를 암살하는 데 성공합니다.

③ 38대운 이후

순국하셨으므로 38대운부터는 보지 않습니다. 순국하시지 않으셨다면 국가 발전을 위해 헌신하셨을 운으로 보여서 안타까울 따름입니다.

(5) 스칼릿 조핸슨(미국 영화배우)

생년월일	1984년 11월 22일		
팔자 원국	오행으로만 표시함		
시주	**일주**	**월주**	**연주**
一	金	木	木
一	金	水	水

128

오행 개수				
木	火	土	金	水
2	0	0	2	2

운의 흐름(=대운)							
75	65	55	45	35	25	15	5
火	土	土	金	金	水	水	木
木	木	火	火	火	金	金	金

오행 분석	겨울에 태어난 금(金)

본질을 파악하는 능력이 있고, 실질적인 것을 추구하는 성향입니다. 예측을 잘하고 속내를 잘 드러내지 않습니다. 일주(일간과 일지)가 모두 금(金)으로 구성되어 있는 경우, 골격이 잘 발달된 체형에 시원시원한 인상을 가지는 경우가 많다고도 합니다.

① 5대운

• 천간: 목(木)이 왔고, 월지 수(水)로부터 생을 받습니다(수생목[水生木]). 배우고 공부한 것을 사람들에게 알려주거나 계승하는 운입니다.

• 지지: 금(金)이 왔고, 월지 수(水)를 생을 해줍니다(금생수[金生水]). 나의 가치를 시장에 드러내놓아야 하는 운입니다. 어린 시절부터 재능을 펼쳤을 것으로 예상됩니다.

▷ 1994년 9세 때 영화로 데뷔한 스칼릿 조핸슨은 매우 어린

시절부터 오디션을 보러 다니며 여러 영화에 출연했습니다.

② 15대운, 25대운

• 천간: 15대운과 25대운 모두 수(水)가 왔고, 월지 수(水)와 동일한 오행입니다. 자신의 목표, 진로를 향해 더욱 매진하는 운입니다.

• 지지: 15대운과 25대운 모두 금(金)이 왔고, 월지 수(水)를 생을 해줍니다(금생수[金生水]). 계속해서 자신을 시장에 드러내놓고 프로의 삶을 살아가는 운입니다.

▷ 이 무렵 스칼릿 조핸슨은 거의 매년 쉬지 않고 수많은 영화에 계속해서 출연합니다. 이 시기에 촬영한 영화 수만 30편이 넘습니다.

③ 35대운, 45대운

• 천간: 35대운과 45대운 모두 금(金)이 왔고, 월지 수(水)를 생을 해줍니다(금생수[金生水]). 이 운에서도 자신의 가치가 시장에서 계속 호응을 받습니다.

• 지지: 35대운과 45대운 모두 화(火)가 왔고, 월지 수(水)에게 극을 받습니다(수극화[水剋火]). 목적과 계획에 맞게 합당한 시스템을 만들어내는 운입니다. 지난 시절의 활동을 계속하는 한편, 추가적으로 가정에 충실하거나 사업을 만드는 것도 가능할 것으로 보입니다.

▷ 2021년, 스칼릿 조핸슨은 세 번째 남편인 콜린 조스트와의 사이에서 아이를 출산합니다. 2022년 2월, 스칼릿 조핸슨은 스킨케어 관련 사업의 시작을 대중들에게 예고합니다. 한편, 영화 촬영도 쉬지 않고 해오고 있습니다.

④ 55대운, 65대운

• 천간: 55대운과 65대운 모두 토(土)가 왔고, 월지 수(水)를 극을 합니다(토극수[土剋水]). 시장에서 자신의 가치를 잘 유지하기 위해서 이제는 나를 필요로 하는 시장이 어디인지를 잘 알고 움직여야 합니다.

• 지지: 55대운에서는 화(火)가 왔고, 월지 수(水)에게 극을 받습니다(수극화[水剋火]). 45대운에 이어서 활동을 계속 이어나가면서 가정 또는 사업에 충실해지는 모습이 보이는 운입니다. 65대운에서는 지지에 목(木)이 왔고, 월지 수(水)로부터 생을 받습니다(수생목[水生木]). 내가 다른 사람을 도와줘야 하는 운입니다. 자식 교육에 집중하는 것도 가능합니다.

⑤ 75대운

• 천간: 화(火)가 왔고, 월지 수(水)가 극을 합니다(수극화[水剋火]). 목적과 계획을 가지고 시스템을 만들어야 하는 운입니다. 가족 간의 분리도 가능하고, 비즈니스 시스템을 만드는 것도 가능합니다.

• 지지: 목(木)이 왔고, 월지 수(水)로부터 생을 받습니다(수생목[水生木]). 내가 다른 사람을 도와줘야 하는 운입니다. 자식 교육에 집중하는 것도 가능하고, 사회사업을 하는 것도 가능 합니다.

(6) 샤룩 칸(인도 영화배우)

생년월일	1965년 11월 2일		
팔자 원국	오행으로만 표시함		
시주	일주	월주	연주
─	金	火	木
─	金	金	火

오행 개수				
木	火	土	金	水
1	2	0	3	0

운의 흐름(=대운)							
78	68	58	48	38	28	18	8
土	土	金	金	水	水	木	木
木	木	木	火	火	火	金	金

오행 분석	가을에 태어난 금(金)

성실한 노력파로 묵묵하고 끈기 있는 유형입니다. 현실적으로 따져보고 가능성 있는 것에 도전합니다. 금(金)이 많기 때문에 꼼꼼하고 세밀하여 디테일한 부분에 강합니다. 이분도 스칼릿 조핸슨과 같이 일주(일간과 일지) 모두 금(金)으로 구성되어 있는 경우입니다.

① 8대운, 18대운

• 천간: 목(木)이 왔고, 월지 금(金)에게 극을 받습니다(금극목[金剋木]). 이는 목적에 따라 조정, 교정을 함을 의미합니다.

• 지지: 가을 금(金)이 왔고, 월지 금(金)과 같은 오행입니다. 자신이 하고자 하는 일에 추진력과 속도가 붙습니다. 천간과의 조합 또한 '금극목(金剋木)'이므로 목적을 향해 달려가면서도 지속적인 교정을 통해 더 많은 발전을 이루게 될 것입니다.

⇨ 샤룩 칸은 어린 시절 운동을 하고 싶어 했으나 어깨 부상으로 인해 그 길을 포기하고 연기자로 진로를 바꾸게 됩니다. 그는 당대의 발리우드 배우들을 모방하곤 했는데 주변 사람들의 반응이 폭발적이었다고 합니다. 샤룩 칸은 1989년 TV 매체를 통해 데뷔했으며, 1991년 발리우드 데뷔에 성공합니다.

② 28대운, 38대운

• 천간: 수(水)가 왔고, 월지 금(金)으로부터 생을 받습니다(금생수[金生水]). 자신을 시장에 드러내놓고 좋은 평가를 받는 운입니다. 좋은 평가를 받게 된다면 그 값이 더욱 높아지고, 다양한 분야에서 나를 찾게 됩니다.

• 지지: 화(火)가 왔고, 월지 금(金)을 극을 합니다(화극금[火剋金]). 자신의 재능을 활용해야 하는 분야가 변화하거나 넓어지는 운입니다. 그리고 나의 재능은 더욱 깊어지게 됩니다.

• 또한 천간과 지지의 관계는 '수극화(水剋火)'입니다. 시스템을 만들게 되고, 목적과 계획을 조절하면서 계속 키워나가는 운입니다. 자신의 본업 이외에도 다른 사업을 만들거나 크게 키우기 시작할 것으로 보입니다.

⇨ 샤룩 칸은 38대운 직후에 개봉한 영화 〈내 이름은 칸〉으로 전 세계에 자신의 이름을 알립니다. 이후 '인도 영화는 샤룩 칸을 빼고는 말할 수 없다'고 할 만큼 발리우드의 상징적인 존재로 자리매김합니다. 이와 같이 영화계에 공헌한 공로를 인정받아 그는 프랑스 정부로부터 상을 수여받기도 합니다. 이 시기 그는 액션뿐만 아니라 로맨스, 코미디 영화 등 다양한 장르의 영화에 출연하면서 활발한 활동을 이어나갑니다.

③ 48대운, 58대운

• 천간: 금(金)이 왔고, 월지 금(金)과 같은 오행입니다. 자신이 이제까지 준비했던 것들, 새롭게 도전하는 것들을 모두 강하게 추진할 수 있습니다.

• 지지: 48대운은 아직 여름(火)입니다. 월지 금(金)을 극히므로(화극금[火剋金]). 능력을 검증받고 더욱 전문성을 키워나갑니다. 58대운에서는 봄(木)이 왔고, 월지 금(金)이 극을 합니다(금극목[金剋木]). 조절하고 보완하여 더 효율적이고 안정적인 시스템으로 업그레이드 시키는 운입니다. 일과 사업 등 여러 가지 일을 하는 것도 가능할 정도로 컨트롤이 될 것입니다.

⇨ 샤룩 칸은 48대운에도 이전과 마찬가지로 다양한 장르를 넘나들며 〈그 남자의 사랑법〉, 〈첸나이 익스프레스〉, 〈딜발레〉, 〈샤룩 칸의 팬〉, 〈튜브라이트〉, 〈더 링〉 등 수많은 작품에 주연으로 참여합니다. 인도에서는 흥행의 바로미터인 배우이기 때문에 현대자동차 등 한국 기업들도 기업 광고에 그를 적극 기용하는 등 인도를 대표하는 세계적인 배우로 성장하고 있는 중입니다.

④ 68대운, 78대운

• 천간: 토(土)가 왔고, 월지 금(金)을 생을 해줍니다(토생금[土生金]). 나의 상품과 재능이 잘 팔려나갑니다. 그래도 더 잘 팔리게 만드는 노력도 필요합니다.

• 지지: 봄(木)이 왔고, 월지 금(金)이 극을 합니다(금극목[金剋木]). 조절 및 보완으로 시스템은 더욱 업그레이드됩니다. 여러 가지 일을 병행하는 것이 가능할 정도로 컨트롤이 되겠지만 이런 시기에는 체력 소모가 심해지므로 충분한 휴식을 취해야 합니다.

(7) 레이디 가가(미국 가수)

생년월일	1986년 3월 28일		
팔자 원국	오행으로만 표시함		
시주	**일주**	**월주**	**연주**
―	金	金	火
―	火	木	木

오행 개수				
木	火	土	金	水
2	2	0	2	0

운의 흐름(=대운)							
77	67	57	47	37	27	17	7
水	木	木	火	火	土	土	金
火	金	金	金	水	水	水	木

오행 분석	봄에 태어난 금(金)

위기 대처 능력과 문제 해결 능력이 발달했고, 변화에도 빠르게 대응할 수 있습니다. 똑 부러지는 인상이지만, 아이 같은 천진난만함과 여린 심성을 가진 것이 특징입니다.

① **7대운**

• 천간: 금(金)이 왔고, 월지 목(木)을 극을 합니다(금극목[金剋木]). 어릴 때부터 교정과 보완을 받을 수 있는 좋은 환경에서 공부하며 성장할 수 있는 운입니다. 교정은 나의 잘못된 점을 고치는 것이고, 보완은 나의 부족한 점을 채우는 것입니다. 이 시기에 교정과 보완을 모두 할 수 있다면 굉장한 발전을 이룰 수 있을 것입니다.

• 지지: 봄(木)으로 월지 목(木)과 같은 오행입니다. 자신의 생각과 의지를 강하게 주장하는 운입니다. 배움도 있겠지만 자신을 바꾸기보다는 자신을 뽐내고 드러내는 쪽을 선택할 것 같습니다.

▷ 레이디 가가는 4세 때부터 피아노를 배우기 시작해서 13세 때 처음으로 피아노 발라드 곡을 작곡했고, 14세 때는 무대에서 연주하기 시작했습니다.

② 17대운, 27대운

• 천간: 토(土)가 왔고, 월지 목(木)에게 극을 받습니다(목극토 [木剋土]). 살아가면서 겪게 되는 다양한 일들 속에서 경험과 실력이 향상되는 시기입니다. 자신이 처한 환경과 삶 안에서의 성장을 추구할 수도 있고, 적극적 배움과 계발을 통한 성장을 추구할 수도 있습니다.

• 지지: 겨울(水)이 왔고, 월지 목(木)에게 생을 해줍니다(수생목 [水生木]). 전문가에게 가르침을 받는 것도 가능하고, 그들을 모방해 보거나 함께 행동하면서 습득하는 것도 가능한 운입니다. 다만 7대 운에서 이미 자기 방식대로 나아가려는 성향이 생겼기 때문에 정통적인 학습보다는 일하면서, 그리고 교류를 통해 배우는 것이 더 많을 것으로 보입니다. 또 실제 실력보다 좋은 평가를 받는 것도 가능한 운입니다.

⇨ 레이디 가가는 17세 때 뉴욕대학교 예술학부에 지원하여 음악을 공부했으나 1년 만에 중퇴합니다. 19세 때 한 레코드사와 계약을 하지만, 석 달 만에 잘려서 그 충격으로 퇴폐적인 공연을 하거나 마약을 하며 방탕한 세월을 보냅니다. 아버지에게 마약을 복용한 사실을 들키고 나서부터 아버지와의 관계가 멀어집니다. 하지만 22세인 2008년 첫 데뷔 앨범으로 빌보드 차트 2위에 오르는 등 큰 성공을 거둡니다. 2010년에는 첫 그래미 어워드를 수상합니다.

③ 37대운, 47대운

• 천간: 화(火)가 왔고, 월지 목(木)에게 생을 받습니다(목생화 [木生火]). 팀이나 회사를 만들고 역할도 구분하여 협업을 통해 시스템이 더욱 커지게 됩니다. 자신의 본업 이외에 다른 사업으로 확

장하게 되는 시기로 보입니다.

• 지지: 37대운은 아직 겨울(水)이고, 월지 목(木)에게 생을 해 줍니다(수생목[水生木]). 무언가를 배우고 익히는 것이 지속되는 있는 운입니다. 천간과 지지의 관계는 '수극화(水剋火)'로 사업의 목적과 계획을 환경 변화에 맞춰 지속적으로 조정하면서 발전시켜 갈 수 있을 것입니다. 47대운은 가을(金)이고, 월지 목(木)을 극을 합니다(금극목[金剋木]). 더 효율적으로, 더 실효적으로 조정하고 교정하면서 안정시켜가는 운입니다. 천간과 지지의 관계는 '화극금(火剋金)'으로 자신이 인정받아야 할 분야가 달라짐을 의미합니다. 세상으로부터 뛰어난 사업가로서의 재능을 인정받을 수도 있습니다. 또한 가치관이나 인생관의 변화도 일어날 수 있습니다.

⇨ 37대운에 들어서면서 레이디 가가는 영화 〈조커〉의 속편인 〈조커 2〉에 캐스팅되어 호아킨 피닉스와 함께 영화 촬영을 마무리합니다. 이로써 가수로서의 커리어뿐만 아니라 영화배우로서의 커리어에도 하나의 새로운 획을 추가하게 됩니다.

④ 57대운, 67대운

• 천간: 목(木)이 왔고, 월지 목(木)과 같은 오행이 왔습니다. 추진력이 엄청 강해져서 새로운 기획과 사업을 펼치게 되는 운입니다.

• 지지: 가을(金)이 왔고, 월지 목(木)을 극을 합니다(금극목[金剋木]). 조정하고 교정하면서 효율성 있게 시스템을 안정시켜가는 운입니다. 57대운에서 건강이 악화될 수 있으니 관리 및 주의가 필요합니다.

⑤ 77대운

• 천간: 수(水)가 왔고, 월지 목(木)에게 생을 해줍니다(수생목 [水生木]). 많은 나이에도 불구하고 계속해서 새로운 공부를 할 수 있는 운입니다. 이제는 내가 알고 있는 것을 타인에게 알려주는 것도 가능합니다.

• 지지: 여름(火)이 왔고, 월지 목(木)의 생을 받습니다(목생화 [木生火]). 자신의 역할을 자신이 원하는 시스템 안에서 펼치는 운입니다. 가족들과의 시간을 즐기거나 자신의 건강을 돌볼 것으로 보입니다.

일간과 월지로 본
20가지 유형

사주팔자는 8개의 글자로 이루어져서 '팔자'입니다. 즉, 한 사람의 출생 정보(연, 월, 일, 시)를 8개의 문자로 나타낸 것이지요. 이 출생 정보를 토대로 그 사람의 운명을 읽는 이유는 출생하는 순간 우주적인 힘이 부여되기 때문이라고 앞서 설명했습니다. 또한, 사주팔자 안에서 가장 큰 지분을 차지하는 것은 월지이기 때문에 명리에서 운을 해석할 때 월지에 가중치를 두고 해석한다고도 말씀드렸습니다. 월지와 더불어 중요한 것이 일간입니다. 월지는 우주로부터 부여받은 나의 역할이 결정되는 자리라서 중요하고, 일간은 주인공이면서 성격이 정해지는 자리라서 중요합니다. 가령, 사장이라는 역할을 월지에서 부여받았다고 해도, 성격 급한 사장이 될 것인지 순리적인 사장이 될 것인지 등은 일간을 통해서 알 수 있습니다. 이 두 가지를 알아야 나머지 여섯 글자들과의 연결 관계가 명확해지기 때문에 명리 해석에서 일간과 월지가 중요한 것입니다.

사주팔자를 해석한다는 것은 수많은 요소를 종합해 현재를 분석하고 미래를 내다보며 생의 본질을 이해하는 과정입니다. 그래서 사주를 단순한 방법으로 읽어낼 경우, 당연히 정확도는 떨어지기 마련입니다. 몇 가지로 유형화된 성격 검사로는 모든 사람을 완벽하게 분류해낼 수 없는 것처럼 말이지요. 성격만이 아니라 그 사람의 자질과 가능성까지 모두 포함하는 사주명리학은 그 해석이 한층 더 복잡하기 때문에 단순화는 필연적으로 디테일을 생략하게 만듭니다.

그러나 모두가 처음부터 사주명리학에 능통한 것은 아닙니다. 이미 충분히 능통한 사람마저도 남은 평생 갈고닦아야 할 부분이 있을 만큼 사주명리학의 세계는 넓고 깊습니다. 그러므로 입문자로서 가장 기초적인 방법론을 활용해 자신의 성격과 자질을 파악하고 싶다면 일시적으로 단순화의 장점을 취해볼 수도 있습니다. 다음에 소개하는, 일간과 월지로만 사주를 보는 방법도 그러한 단순화 중 하나입니다. 이는 사주팔자에서 중요하다고 여겨지는 요소인 일간과 월지를 중심으로 해석해둔 '레디메이드(ready-made) 사주'라고 할 수 있습니다.

만일 다음에 제시된 20가지 유형 중 자신에게 해당하는 유형과 자신의 특징이 일치하지 않는다면, 그것은 사주팔자의 다른 부분들을 살펴보고 더욱 깊이 해석해야 한다는 의미입니다. 그런 경우라면 아마도 일간과 월지를 제외한 사주팔자의 나머지 여섯 글자가 일간과 월지와 다른 요소를 지니고 있을 것입니다. 만일 그 내용이 궁금하고 더 알고 싶다면 이는 좋은 징후입니다. 사주명리학이라는 여정을 떠나고자 하는 동기이자 호기심이니까요. 그 마음의 길을 따라가는 분이라면 이후에 심화 과정에서 다시 뵐 수도 있을 것입니다.

'일간과 월지로 본 20가지 유형'을 보기 전 일러두는 말

명리학에서는 운을 추론할 때 음력을 전혀 사용하지 않습니다. 음력으로 운을 추론하는 사람은 명리학이 아니라 다른 학문으로 운을 살피고 있는 것입니다. 사주명리학 상담 시 내담자(손님)가 음력에 익숙한 경우, 양력으로 추론한 후에 음력으로 몇 월이라고 수정해서 알려드릴 수는 있지만, 명리학의 계산 체계는 오직 태양력을 기준으로 합니다. 만세력 애플리케이션의 경우에도 생년월일시를 입력할 때 음력과 양력 중 택일해서 입력하지만, 이때도 입력의 편의를 위해 그렇게 하는 것일 뿐 실제 계산은 음력 생일로 입력했다고 해도 양력으로 변환이 되어서 이루어집니다. 그렇지만 이 책에서는 각 유형에 속하는 출생 월을 표기할 때 편의상 음력 월을 괄호에 기재했습니다.

태양력에서는 계절 및 달을 절기로 구분합니다. 우리가 흔히 '24절기'라고 부르는 것이 그것입니다. 절기는 보통 절기와 중기를 합쳐 부르는 말로 절기는 계절이 시작함을, 중기는 계절이 무르익음을 뜻합니다. 참고로 오늘날 우리가 일상생활에서 사용하는 양력 달력은 태양력을 기준으로 여러 차례 교정을 거쳐 만들어진 그레고리 달력입니다. 이에 따라 사계절과 각 계절에 해당하는 월, 그리고 24절기를 나누면 다음과 같습니다.

계절	달	절기	중기
봄	2월	입춘	우수
	3월	경칩	춘분
	4월	청명	곡우
여름	5월	입하	소만
	6월	망종	하지
	7월	소서	대서
가을	8월	입추	처서
	9월	백로	추분
	10월	한로	상강
겨울	11월	입동	소설
	12월	대설	동지
	1월	소한	대한

이를 다시 또 오행과 음양에 따라 분류해 보기 좋게 표로 정리하면 다음과 같습니다(아래 표에서 경칩/곡우, 소만/대서, 처서/상강, 소설/대한이 빠진 것은 춘분, 하지, 추분, 동지를 강조하기 위해서입니다).

인 (寅)	묘 (卯)	진 (辰)	사 (巳)	오 (午)	미 (未)	신 (申)	유 (酉)	술 (戌)	해 (亥)	자 (子)	축 (丑)
2월	3월	4월	5월	6월	7월	8월	9월	10월	11월	12월	1월
봄(木)			여름(火)			가을(金)			겨울(水)		
입춘	경칩	청명	입하	망종	소서	입추	백로	한로	입동	대설	소한
춘분			하지			추분			동지		
양의 봄	음의 봄	양의 여름	음의 여름	양의 가을	음의 가을	양의 겨울	음의 겨울				

봄은 입춘에서 시작하여 입하 전까지입니다. 봄을 음양으로 구분한 다면 입춘부터 춘분 전까지는 양의 봄이고, 춘분부터 입하 전까지가 음의 봄입니다.

여름은 입하에서 시작하여 입추 전까지입니다. 여름을 음양으로 구분한다면 입하부터 하지 전까지는 양의 여름이고, 하지부터 입추 전까지가 음의 여름입니다.

가을은 입추에서 시작하여 입동 전까지입니다. 가을을 음양으로 구분한다면 입추부터 추분 전까지는 양의 가을이고, 추분부터 입동 전까지가 음의 가을입니다.

겨울은 입동에서 시작하여 입춘 전까지입니다. 겨울을 음양으로 구분한다면 입동부터 동지 전까지는 양의 겨울이고, 동지부터 입춘 전까지가 음의 겨울입니다.

봄을 예로 든다면, 2월 입춘부터 봄의 기운이 움트기 시작하고 우수부터 봄의 기운이 널리 퍼지며 비도 내립니다. 3월 경칩부터 봄의 기운을 받은 생물들이 깨어나기 시작하고 춘분부터 완연한 봄으로 변하기 시작합니다. 4월 청명부터 모든 생물들이 활발하게 움직이고 곡우부터 곡식을 키우는 비가 내립니다. 이때 내리는 비가 봄비입니다. 24절기는 이처럼 각 계절에 해당하는 자연의 변화를 관찰하고 분석해 구분한 시간의 마디입니다. 각 달의 초반 15일 동안에는 기운이 퍼지기 시작하고, 후반 15일에는 기운이 형태를 맺어 발현되는 양상이 양과 음의 현상을 고스란히 담고 있음을 꼭 기억하시길 바랍니다.

ᵉ ᵉ ☯ ᵉ ᵉ

목(木)-봄:
번뜩이는 아이디어 머신형

ᵉ ᵉ ☯ ᵉ ᵉ

	木	

인(寅)월(음력 1월)	묘(卯)월(음력 2월)	진(辰)월(음력 3월) 생

❖ **키워드**

#직감적 #실행력 #적응력 #동료애

기본 성향

시작에 능숙한 사람입니다. 새로운 일을 시작하는 것을 좋아합니다. 그래서 창의적인 아이디어를 떠올리거나 기발한 발상을 하는 경우가 많습니다. 트렌드에 민감하게 반응하여 유행의 변화를 금방 감지하거나, 환경의 변화에 맞춰 바로 대응할 수 있는 능력을 가지고 있습니다. 일의 진행에 있어 주저함이 없고, 즉시 대처할 수 있기 때문에 새로운 일을 시작하는 상황에서도 능숙하게 해낼 수 있습니다. 이는 직감이 발달한 덕분입니다. 논리적으로 변화를 예측하기보다는 직감적으로 변화를 잡아내고 인식하는 것이지요. 그래서 무언가를 결정할 때도 직감을 따르는 편입니다. 그리고 그 직감은 대체로 잘 들어맞기 때문에 무슨 일을 하든 능수능란해 보이기도 합니다.

진로

이러한 특성은 예술가에 적합하다고도 할 수 있겠지만, 다양한 분야에서 활용이 가능합니다. 특히 시장의 변화에 바로 대응해야만 하는 마케팅 부서나 상품을 개선하는 선행 부서에서 요구되는 자질이지요. 환경 변화에 당황하지 않고 능수능란하게 대처할 수 있는 능력은 하루가 다르게 변화하는 현대사회에서 활용하기에 좋은 카드가 될 것입니다. 이처럼 불필요한 아집이 없는 특성은 좋은 사회적 평판을 쌓는 데에도 좋지만, 스스로에게도 긍정적인 작용을 합니다. 자신이 틀렸다는 사실에 매몰되지 않고 실수나 잘못을 빠르게 인정하고 수정하기 때문에 일의 흐름이 부드럽고 인간관계가 유하게 풀릴 수 있습니다.

인간관계

앞서 설명한 특성 때문에 주변 사람들에게 '조숙하다' 혹은 '빨리 성장한다'라는 유의 말을 들을 수 있습니다. 이 유형은 기본적으로 사람에 대한 애정을 가지고 있어서 상대방을 대가 없이 도와주는 경우가 많은데, 이러한 돌봄과 챙겨줌의 태도는 어른스러움의 표상으로 여겨집니다. 상대방의 감정을 정확히 감지할 줄 알기 때문에 도움이 필요한 사람을 도와주지 못하면 마음 아파하기도 합니다. 동료 의식이 큰 편이라고 할 수 있습니다. 특히 봄의 목(木) 기운과 일간의 목(木) 기운이 겹쳐 인의예지신 중 목(木)에 해당하는 인(仁), 즉 인성이 발달했기 때문에 사교성이 좋고 평판이 좋습니다.

다만 사람에 대한 애정 때문에 모두에게 잘 해주려다가 오히려 역효과를 낼 수도 있으므로 이 부분을 주의해야 합니다. 대가를 바라지 않고 상대에 대한 정으로 도움을 주었지만, 일부 사람들은 대가 없는 도움을 주고 나중에 이용하려는 것이 아니냐는 등의 의혹을 제기할 수 있습니다.

번뜩이는 아이디어 머신형의 유명인

로제(블랙핑크), 리시 수낙(영국 총리), 리아나(미국 가수), 베르나르 아르노(LVMH 회장)

02

목(木)-여름: 쾌활한 사교가형

사(巳)월(음력 4월)	오(午)월(음력 5월)	미(未)월(음력 6월) 생

❖ **키워드**
#탁월한 말재주 #끼쟁이 #사교적 #표현력 #에너제틱

기본 성향

외향적입니다. 활달하고, 간혹 '산만하다'는 말을 들을 만큼 에너지가 넘칩니다. 머릿속에 떠오르는 생각을 바로 말로 표현하는 특성 때문에 말이 가장 많은 유형 중 하나입니다. 이는 사람들과의 관계 형성을 중요하게 여기고 사교에서 두각을 나타내는 특성과 상통합니다.

진로

사교성이 좋을 뿐만 아니라 분위기도 이끌어갈 수 있는 에너지를 가지고 있기 때문에 조직 생활에 적합합니다. 끈끈한 동료애와 손발이 맞는 협동심을 중요시하는 조직 중시형 인재라고 할 수 있습니다. 따라서 팀의 단합을 우선시하고 팀을 이끌어가는 팀장의 역할을 잘 수행할 수 있습니다. 사람을 좋아하고 말하는 것에 거침이 없기 때문에 외교나 대외 미팅 업무, 프레젠테이션 등 타인에게 조직의 입장을 설득하는 일에 적합합니다. 또한, 호기심이 왕성해서 궁금한 것이 있으면 바로 시도해보는 편입니다. 궁금증이 떠오르는 주기가 짧더라도 궁금하다면 하던 일을 제쳐두고서라도 그 일에 발을 담그기도 합니다. 이렇게 무언가를 하는 순간만큼은 뛰어난 집중력을 발휘합니다. 그러나 변덕이 있어 호기심이 금방 식기 때문에 집중하는 시간이 다른 사람보다 짧은 편입니다. 진득하게 한 가지를 오래 하기보다는 이것저것 조금씩 다양하게 시도하는 스타일이기 때문에 무언가에 오래 집중하고 싶다면 새로운 관심을 끌 만한 외부 자극을 차단하는 것이 좋습니다. 환경에 크게 반응하고 영향을 잘 받는 성질을 가지고 있기 때문입니다.

인간관계

이와 같은 환경에 대한 민감성은 본인에게 유리하게 작용할 수도, 해가 될 수도 있습니다. 본인이 크게 일탈을 하는 성격이 아니더라도 주변의 영향을 잘 받는 편이기 때문에 아무 사람과 친해지는 대로 인간관계를 꾸리기보다는 일정한 기준에 따라 좋은 사람을 곁에 두는 방식으로 인간관계를 형성하는 것이 좋습니다.

사람을 좋아하기 때문에 사람과 많이 부대끼게 되고 그만큼 갈등도 많을 것이라고 생각할 수 있지만, 의외로 인간관계에서의 스트레스는 덜한 편입니다. 오히려 공과 사를 명확히 구분하는 탓에 상대방에게 스트레스를 줄 수 있습니다. 공과 사를 명확히 구분한다는 것은 일과 가정을 분리해서 생각한다거나, 결과 중심으로 판단을 하고 그 과정에서 개개인의 감정은 고려하지 않는다는 특성으로 나타날 수 있습니다. 이것이 가능한 사람들은 능숙하게 팀에 적응할 것이고, 최고의 팀 효율을 보여줄 것입니다. 하지만 어떤 사람들은 그렇지 못하기 때문에 처지거나 튀어 보일 수 있습니다. 그래서 결과가 부진한 동료를 보게 된다면 그 사람의 결과가 부진할 수밖에 없었던 개인 사정이나 감정을 고려하는 대화를 우선 시도할 필요가 있습니다. 공감하고 위로하는 대화가 이뤄진다면 원활한 소통이 가능할 것입니다.

쾌활한 사고가형의 유명인

강유미, 박찬호, 순다르 피차이(구글 CEO), 여에스더, 왕가위

목(木)-가을: 신중한 모범생형

신(申)월(음력 7월)	유(酉)월(음력 8월)	술(戌)월(음력 9월) 생

❖ 키워드
#신중함 #인정욕구 #목표지향 #위계질서

기본 성향

신중하고 조심성이 있으며 합리적입니다. 시의적절함을 따져가며 하고자 하는 일이 현재 필요한 일인지를 충분히 고민한 뒤 실행하는 특성을 가지고 있습니다. 적합한 시기에 적절한 행동을 하는 것을 가장 우선시하기 때문에 참을성이 뛰어납니다. 자신에게 허용된 범위 내에서는 자유롭게 행동하지만, 허용되지 않은 범위의 욕구는 철저히 절제합니다. 노는 것을 싫어하지는 않지만, 꾹 참고 공부를 하는 학생을 떠올리면 이해가 쉽습니다. 현실에 맞게 순응하고 적응하며 사회의 규범에서 벗어나지 않기 위해 자신의 욕구를 억누르는 성향입니다.

진로

이와 같은 참을성은 신중함과 결합해 진행 상황과 상태, 일정을 살피고 적절한 때에 올바른 행동을 할 수 있는 능력으로 발전합니다. 이는 격식을 잘 차리고 문제 해결 방법을 올바르게 찾아내는 전문가다운 태도로 이어집니다. 완전히 새로운 아이디어를 내는 것은 어려워하지만, 기존에 쌓아올린 지식을 토대로 문제를 해결하는 응용력은 뛰어납니다. 따라서 의사나 법률자문가, 세무사 등의 직업이 잘 어울린다고 할 수 있습니다. 기존의 것에서 발전시키는 방향으로 응용력을 펼친다면 기술이나 상품의 부족한 점을 개선하고 문제를 해결하는 부서에서도 충분히 좋은 결과를 낼 수 있을 것입니다. 이들은 신중한 만큼 자신의 목적을 이루기 위해 스스로를 잘 컨트롤합니다. 주변 환경의 영향도 덜 받지요. 그래서 환경이 바뀌어도 바뀐 현실을 금방 인정하고 받아들이며 이내 적응합니다. 환경에 굴하기보다는 상관하지 않는 태도로 앞으로 나아가며 부단한 노력으로 목적을 이루고야 마는 스타일입니다.

인간관계

이들의 신중함은 인간관계에서도 명확히 드러납니다. 이들이 사람을 가리는 기준은 다른 유형보다 여러 면에서 높은 편입니다. 그래서 겉으로 보기에는 두루두루 친하게 지내는 것 같더라도 정말 친하다고 생각하는 사람들은 따로 있습니다. 다만 사회적 시선을 많이 고려하는 편이기 때문에 사람 간의 대우가 다르지는 않습니다. 자신만의 기준에 따라 마음을 열거나 열지 않는 사람이 나누어져 있을 뿐입니다. 인간관계를 주도하는 스타일은 아니기 때문에 사람 간의 정치를 어려워할 수 있습니다. 그리고 자존심이 강한 편이기 때문에 성과에 대한 적절한 인정을 받지 못하면 매우 속상해하고 화가 날 수도 있습니다. 따라서 누군가가 자신의 성과를 인정하지 않는 등의 오해가 생기면 강한 반발심을 가지기도 합니다. 그러나 인간관계에서 주도권을 잡지 못하기 때문에 더러 자신에게 불리한 대처를 할 수도 있습니다. 따라서 타인과 갈등을 겪고 있다면 다른 사람에게 조언을 구하고 대처할 필요가 있습니다. 자신에게 유리한 방향이 무엇일지 객관적인 시각으로 판단해줄 사람을 구하는 것이 좋습니다.

신중한 모범생형의 유명인

메건 마클(영국 왕자비), 셰릴 샌드버그(전 메타 COO), 손정의(소프트뱅크 창업자), 안도 다다오(일본 건축가), 제임스 카메론(미국 영화 감독)

04

목(木)-겨울:
통찰력 있는 공상가형

	木	

해(亥)월(음력 10월)	자(子)월(음력 11월)	축(丑)월(음력 12월) 생

❖ 키워드
#지혜 #통찰력 #사색적 #안전 지향

기본 성향

통찰력이 있습니다. 에둘러 말하거나 비유적인 표현을 사용하더라도 말의 의도를 정확히 알아챕니다. 불명확한 표현에서 명확한 핵심을 발견할 수 있는 지혜가 있습니다. 인문학, 특히 문학과 예술에 특화된 재능입니다. 숨겨진 의미를 쉽게 찾아내고 행간을 읽는 것이 다른 유형보다 상대적으로 쉽습니다. 그래서 사람의 감정에 대한 이해도가 높습니다.

진로

안전 지향적인 특성 역시 가지고 있기 때문에 공상을 실행으로 옮기기까지 오래 걸리는 편입니다. 그래서 기획과 디자인은 능하지만 기술을 담당하는 것은 어려워하는 편입니다. 현실적이라고 불리는 분야에는 취약할 수 있습니다. 이를 보완하기 위해서는 '끝맺음'에 노력을 기울일 필요가 있습니다. 아이디어는 많지만 대체로 휘발이 되고 남에게 보여주거나 결과물로 내지 않는 경우가 많기 때문에 기록하는 습관을 들이는 것이 좋습니다. 자신의 아이디어를 표현할 수 있는 수단을 배워놓아 표현해두는 것이 중요합니다. 또한, 사회적으로 인정받을 만한 증명 수단을 활용하는 것도 좋습니다. 가령, 영어를 잘한다면 토익이나 토플 등 공적인 기준을 통해 자신의 능력을 증명하는 것이지요. 아는 것이 많다면 그것을 증명할 수 있는 학위를 따거나 책을 출간하는 방법도 있을 것입니다. 이해력이 뛰어나고 원리를 파악하는 능력이 뛰어나지만 역으로 근본적인 가치와 거리가 먼 등수, 점수 등을 챙기는 데에는 소홀한 면이 있으므로 스스로를 홍보할 수 있을 만한 공식 증명서를 취득해놓는 것이 유리할 것입니다.

인간관계

사람의 감정에 대한 이해도가 높은 특성은 상대방의 진의를 알아채고 의사소통을 하는 데에 있어서 큰 도움을 주기도 하지만, 인간관계에서의 스트레스를 유발하기도 합니다. 가령, 상대방이 거짓으로 인사치레를 한다면 그것이 거짓이라는 것을 금방 알아챕니다. 이러한 특성 때문에 예의를 너무 차리거나 속마음을 숨기는 것에 상처받을 수 있습니다. 어차피 인간은 모두 어느 정도 거짓말을 한다고 생각하고 시니컬해지거나, 사람에 대한 믿음이 부족해지는 경우도 있습니다. 그래서 본인 스스로는 예의를 중시하지 않는 경우가 많습니다. 아무리 예의라고 하지만 그 이면을 들여다보면 결국 거짓이기 때문입니다.

그렇다고 크게 외로움을 느끼는 것은 아닙니다. 모두가 자신과 같을 수 없다는 점을 알기 때문에 상대가 자신을 이해하리라고 큰 기대를 하지 않습니다. 오히려 자신 안에서 떠오르는 생각에 집중하는 편입니다. 발상의 전환을 통해 새로운 시각을 제시하는 공상가이므로 혁신적인 발명을 하거나 창의적으로 시스템을 재편성하는 등 큰 발자국을 남길 수도 있습니다. 기발한 아이디어 때문에 간혹 괴짜같이 보일 수도 있지만 남들의 시선에 크게 구애받지 않는 특성도 가지고 있어서 크게 외로움을 느끼지는 않습니다.

통찰력 있는 공상가형의 유명인

김대중, 송혜교, 오프라 윈프리, 조수미, 지수(블랙핑크)

05

화(火)-봄:
온화한 리더형

인(寅)월(음력 1월)	묘(卯)월(음력 2월)	진(辰)월(음력 3월) 생

❖ **키워드**
#온화한 추진력 #사교적 #다소 성급함

기본 성향

일간이 화(火)이지만 봄의 기운 속에 숨어 있는 수(水)라는 제어 장치도 가지고 태어났습니다. 그래서 화(火)의 성급한 성질을 어느 정도 누를 수 있습니다. 즉, 성격이 급한 듯 보이지만 이지적이고 이성적인 모습이 숨겨져 있지요. 그래서 질서와 규칙을 중요시 여기면서도 추진력 있는 모습도 보입니다. 이는 사회적 규범을 잘 따르면서 속도감 있게 일을 해낼 수 있는 능력입니다. 이는 수단과 방법을 가리지 않고 밀고 나가는 것과는 다릅니다. 하지만 화(火)의 기운이 강한 경우, 성급함이 보일 수 있습니다. 상황이 급박하지 않더라도 조급함을 보일 수 있는 것이지요. 이는 추진력이 과도하게 작용할 때 드러납니다.

진로

이와 같은 특성으로 인해 리더의 자리가 잘 어울립니다. 팀장을 맡거나 어떤 프로젝트의 책임자가 되는 것, 조직의 우두머리가 되는 것 모두 가능하지요. 리더의 자리에서 조직을 위해 정당한 과정을 통해 빠르고 정확하게 일을 처리할 수 있다는 것이 이 유형의 큰 장점입니다. 그러나 리더가 아니라고 해서 조직에 기여하지 못하는 것은 아닙니다. 자신의 의견을 내놓는 것에 주저함이 없기 때문에 그 누구보다도 회의에 적극적인 모습을 보입니다. 일을 진행하는 중에도 열심히 임하는 태도를 지니고 있습니다. 이는 봄의 속성인 목(木) 덕분입니다. 목(木) 다음으로 화(火)가 오는 순서에 따라, 목(木)의 인자함과 따뜻함이 화(火)를 뒷받침해줍니다. 추진력 있고 행동력이 큰 모습에 더해 논리적인 면도 가지고 있습니다. 그래서 문제가 생기더라도 필요한 지적만 할 뿐, 그럴 필요가 없는 일은 굳이 지적을 하지 않는 침착함과 현명함을 보이기도 합니다. 불필요한 감정 소모를 하지 않는 방법을 알고 있는 셈이지요.

인간관계

목(木)의 인자함과 따뜻함이 화(火)를 뒷받침해주는 특성 덕분에 사람 간에 예의범절을 잘 지키고 인간관계가 원만합니다. 밝고 활달하며 조직 관계에서도 굉장히 협조적이기 때문에 모든 일에 적극적으로 참여하면서도 자신의 의견을 고집 있게 내세우는 스타일은 아닙니다. 소위 말하는 '인싸' 스타일입니다. 하지만 과도한 추진력을 보일 경우, 다른 사람들보다 서두르려는 성향이 두드러집니다. 이것이 일의 마무리를 앞당겨줄 수도 있지만, 함께 일하는 다른 사람들에게 불안감을 주고 신뢰도를 떨어뜨릴 수도 있기 때문에 조심해야 합니다. 가령, 떠오르는 의견이 있어 매번 바로 말해버린다면 다른 사람들에게는 다소 가벼워 보일 수 있습니다. 잦은 번복과 사과는 궁극적으로는 자신을 믿는 사람들이 떠나가게 하는 요인이 될 수도 있기 때문에 할 말이 있거나 하고자 하는 행동이 있을 경우 한 번 더 사려 깊게 고민해보는 것이 좋습니다. 추진력이 서두름이 되어 제어가 불가능해지지 않도록 주의할 필요가 있습니다.

온화한 리더형의 유명인

김범수(카카오 창업자), 박지성, 아이유, 이선균, 장쯔이

06

화(火)-여름:
일관된 원칙주의자형

사(巳)월(음력 4월)	오(午)월(음력 5월)	미(未)월(음력 6월) 생

❖ **키워드**
#추진력 #열정적 #직진

기본 성향

일관성이 돋보이는 사람으로 원칙을 중시합니다. 시종일관, 다시 말해 처음과 끝이 같아야 한다는 생각을 가지고 있으며 사람을 대할 때도 일을 할 때도 정직과 바름을 추구합니다. 예의, 상식적 법도를 중시하기 때문에 비속어를 많이 쓰거나 건성건성 말하는 것을 싫어하고 바르게 말하려고 노력하는 사람입니다. 불합리한 상황 또는 올바르지 않은 처사를 당했을 때 화를 내거나 따지는 것도 잘합니다. 그런데 앞뒤 가리지 않고 뛰어드는 경향이 드러나면 오히려 문제를 악화시킬 수 있다는 점을 주의해야 합니다. 언제 어떤 일이 있었는지, 그리고 어떤 말들을 나눴는지도 잘 기억하는 편입니다. 그래서 상대방이 말을 다르게 하는 것도 빨리 알아챌 수 있습니다.

진로

기술, 지표, 근거를 중시하는 일이 잘 맞습니다. 즉, 엔지니어적인 직무가 잘 맞는다고 볼 수 있습니다. 규칙을 중시하지만 활용에 더욱 초점을 맞추는 경향이 큰 것이 특징입니다. 그래서 지식으로 기술을 연마하는 현장형 인재이기보다는 지식을 활용해 사업을 펼치는 쪽이 더 잘 맞을 것입니다. 최종적으로 추구하게 되는 것은 지식이 아니라 금전적 이익이기 때문입니다. 건설/건축 관련 엔지니어도 좋지만 부동산 개발/도시 개발 사업 등이 더 잘 맞을 것입니다. 법을 공부한다면 판사나 검사도 좋지만 그보다 변호사가 더욱 잘 맞을 것입니다. 만약 심리 상담을 공부한다면 대화를 통해서 내담자와 교감하면서 답을 찾아가는 형태의 상담에는 서툴 것입니다. 그보다는 설문지 등의 상담 도구를 활용하는 상담이나 분석을 잘할 수 있을 것이며, 해당 분야의 전문가가 되는 것도 가능할 것입니다.

인간관계

정확하고 신속한 판단 및 대응, 그리고 정직함이 사람들에게 신뢰감을 줄 것입니다. 그래서 믿음이 가는 사람이라는 평판이 생기고 신임도 얻을 수 있을 것입니다. 자기 방식을 너무 과하게 밀어붙이거나, 자기 생각 또는 기억이 옳다는 주장을 너무 과하게 하는 성향은 상대를 질리게 만들 수도 있습니다. 그럴 경우 사람을 진심으로 대하는 마음과 뛰어난 업무 실적을 통해 형성된 좋은 이미지를 말실수 몇 번으로 망가뜨리고 사람들이 나에게서 등을 돌리게 만들

우려가 있습니다. 그러므로 차분하게 생각을 정리하는 습관을 길러서 말실수를 줄이도록 노력하거나 적절하고 센스 있는 화법을 배우면 활력 넘치고 실력이 뛰어난 리더라는 평가를 넘어서서 다소 다혈질이기는 하지만 좋은 리더라는 평판과 더불어 사람들의 사랑을 받게 될 것입니다.

일관된 원칙주의자형의 유명인

강형욱, 넬슨 만델라, 닐 암스트롱, 이해진(네이버 창업자), 임영웅

07

화(火)-가을:
실리적인 분위기 메이커형

신(申)월(음력 7월)	유(酉)월(음력 8월)	술(戌)월(음력 9월) 생

❖ 키워드
#이성적 #실용적 #현실적

기본 성향

집단에서 주도권을 잡는 사람입니다. 소위 '분위기 메이커'라고 불리는 유형이지요. 단체 생활에 거부감이 없고 소통에 적극적입니다. 그러나 가을에 태어났기 때문에 신중함이 있으며 자신만의 기준이 확고한 편이기도 합니다. 그래서 공동체 내부에서 유들유들하게 잘 어울리지만, 공동체와 의견이 다르다면 자신의 의견을 적극적으로 설파하기도 합니다. 그러나 정면으로 맞서는 스타일이라기보다는 설득을 위해 노력하는 스타일에 더 가깝습니다. 그래서 공동체를 설득하지 못하면 여론의 의견을 인정하고 받아들입니다. 기본적으로 공동체주의적인 유형입니다.

진로

가을에 태어났으며 일간이 화(火)인 사람들은 특정 분야에 뛰어난 집중력을 발휘합니다. 그래서 한 가지 주제에 매몰되어 전문가가 되는 일에 어울립니다. 본인이 이미 전문가인 경우도 많습니다. 혹은 전문가로 구성된 팀을 이끄는 위치에 있을 수 있습니다. 그런데 이런 전문성은 이성적이고 실용적인 측면에 가깝기 때문에 형이상학적인 철학 분야나 감성적인 문화예술과는 거리가 좀 있을 수 있습니다. 현실에 적용하여 활용할 수 있는 기술이나 지식을 선호하는 편이라고 할 수 있습니다.

인간관계

이렇게 현실적인 면모가 크기 때문에 인간관계에서도 신중한 편입니다. 모두와 두루두루 친해지기보다는 자신만의 기준에 따라 친해질 사람을 고르는 스타일입니다. 이 기준은 사람마다 다릅니다. 어떤 기준이든 상대방이 자신의 기준에 맞는다면 친해집니다. 그러나 맞지 않는다고 판단되면 겉으로는 친절하고 살갑게 대하더라도 진정한 친구로서 받아들여주지는 않습니다. 그래서 자신과 동질감이 느껴지거나 동일한 목적을 향해 함께 나아가는 사람들 위주로 친해지는 경향이 있습니다.

옳고 그름을 정확히 따지는 특징은 다른 사람들에게는 상당히 기계적이라는 인상을 줄 수도 있습니다. 하지만 매사에 무조건 자기 식대로 행동하려고 하는 고지식하고 융통성 없는 사람은 아닙니다. 싸우게 되더라도 대화를 우선시하기 때문입니다. 대화를 통해 오해가 풀리면 자신의 주장을 굽히고 대중을 따라가는 경우도 많습니다. 다만, 자기 고집이 있기 때문에 이로 인해 생긴 갈등을 풀어내야 하는 상황에 종종 마주칠 수 있습니다. 자신이 속한 공동체와 도저히 맞지 않는다고 판단이 될 때는 과감히 독립해버리기도 합니다. 이 유형은 특히 감정적 소통에 취약합니다. 따라서 자신에게도, 상대방에게도 숨 쉴 틈을 만들어주고 스트레스를 풀 수 있는 자신만의 힐링 방법을 알아두면 딱딱함도 금방 풀어질 수 있을 것입니다.

실리적인 분위기 메이커형의 유명인

백종원, 안유진(아이브), 오은영, 정국(방탄소년단), 킴 카다시안(미국 배우)

08

화(火)-겨울:
다재다능한 소통가형

해(亥)월(음력 10월)	자(子)월(음력 11월)	축(丑)월(음력 12월) 생

❖ 키워드
#자기계발 #성실 #협조적 #원만

기본 성향

스타성이 있는 유형으로 모두가 좋아하는 스타일입니다. 구김살이 없고 적당히 예의를 지킬 줄 알면서 항상 밝은 모습을 보이기 때문입니다. 어디에서나 늘 사랑받는 존재이기 때문에 자기주장도 강하고 인간관계도 원만합니다. 사람 사이에 벌어질 수 있는 다양한 상황을 능수능란하게 잘 대응합니다. 이렇게 발달한 처세술 덕분에 대화를 부드럽게 잘 이어갈 줄 압니다. 그러나 인간관계에 집착하는 편은 아닙니다. 물론 인정해주는 말을 들으면 정말 좋아하지만, 밖으로 나서지 않는다고 해서 좀이 쑤시는 스타일도 아닙니다. 한

마디로 눈치가 빠르고 환경에 금방 적응하기 때문에 고집 세게 자신의 주장만 내세우지 않는 유형입니다.

진로

우두머리 역할을 하고 자존심을 세우고 싶어도 환경에 적응하고 무난한 관계를 가지는 것을 지향하기 때문에 혼자 돌출되지 않습니다. 따라서 사람을 많이 만나는 직종이 어울린다고 할 수 있습니다. 사람들과 유대 관계를 쌓거나 상대방을 설득하는 일, 대화를 통해 업무를 조율해야 하는 일 등에서 두각을 나타낼 수 있습니다. 그러나 기본적으로 다방면에서 무난하게 일을 해낼 수 있는 가능성을 가졌기 때문에 자신이 관심 있는 분야에서 충분히 성취를 이룰 수 있는 유형입니다.

인간관계

겨울에 태어났기 때문에 수(水)의 기운을 지니고 있어 뛰어난 직관력을 보입니다. 자신이 좋아하고 잘하는 것이 무엇인지 금방 알고 그것에 집중할 수 있지요. 그래서 무슨 일을 하든 늘 상위권을 차지하곤 합니다. 그러나 명예나 인정에 목매지 않기 때문에 등수에 집착하거나 직책을 목표로 달리지는 않습니다. 오로지 자신의 발전을 위해 노력하는 편이며, 조직이나 가족의 중요성을 모르는 것은 아니지만 언제나 자신보다는 우선순위가 낮습니다. 따라서 조직문화에 완전히 기여하는 편은 아닙니다. 다만 적절히 적응하려는 노력을 하기 때문에 조직 내에서 따로 튀지 않고 무난히 협력할 수 있습니다.

주의할 점이라면, 남들을 배려해야 합니다. 이기적이어서가 아닙니다. 의도치 않게 자신보다 부족한 사람들을 기다려주지 않고 조급하게 보챌 수 있습니다. 자신은 쉽게 해냈기 때문에 남들이 그 일을 어려워하는 이유를 잘 이해하지 못할 수 있습니다. 그래서 부족한 사람들을 배려하여 기다려주고 이해해주는 태도를 길러야 합니다. 남을 설득할 때도 상대가 자신의 직관을 바로 이해하지 못하는 경우가 많기 때문에 상대가 이해할 때까지 설명하는 것이 좋습니다. 설명에 심혈을 기울여 설득한다면 모두를 자신의 편으로 만들 수 있기 때문입니다.

다재다능한 소통가형의 유명인

김은희(방송작가), 볼로디미르 젤렌스키(우크라이나 대통령), 침착맨(유튜버), 테일러 스위프트(미국 가수), 포니(유튜버)

09

토(土)-봄:
우직한 장인형

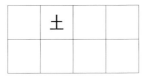

인(寅)월(음력 1월)	묘(卯)월(음력 2월)	진(辰)월(음력 3월) 생

❖ 키워드
#우직함 #장인정신 #원리원칙

기본 성향

꾸준한 노력으로 성장을 도모하는 노력파입니다. 우직하게 자신의 길을 갈고닦는 것에 뛰어난 재능을 보입니다. 이는 기본적으로 안정을 추구하고 현 상태를 유지하고자 하는 욕구가 크기 때문입니다. 빠르게 바뀌는 상황에 그때그때 대처하는 스타일과는 다르게, 한 가지 일을 아주 오랜 시간 동안 붙잡고 장기적으로 뚝심 있게 밀고 나가는 스타일입니다. 매우 신중하고 듬직하며 변덕이 없고 묵직합니다.

진로

이와 같은 특성으로 인해 약속이나 계약, 작업 등을 실행함에 있어 매뉴얼을 중시하는 편입니다. 즉, 일을 할 때 기존의 방식대로 처리하는 것을 선호합니다. 그래서 세무사나 회계사, 판사, 공기업 등의 국가 법규와 관련된 직종이나 행정 업무와 같이 원칙대로 일을 처리해야 하는 업무에 알맞습니다. 혹은 연 단위의 장기 프로젝트를 하거나 장인 정신이 돋보이는 직업에 종사하는 것도 어울립니다. 매일의 꾸준한 노력이 필요한 운동선수나 연주자도 적성에 맞습니다. 이처럼 결과보다 과정을 중시하는 성향은 늘어지지 않고 때에 맞게 스스로를 꾸준히 발전시키는 장점으로 발휘됩니다. 동시에 자신이 원하는 것이 무엇인지 명확히 파악할 수 있기 때문에 목표도 잘 잡는 편입니다. 이 목표가 장기적으로 유효하다면 더할 나위 없이 좋다고 할 수 있겠습니다. 그래서 빠르게 상황이 변화하는 분야보다는 안정적인 분야에서 일하는 편이 유리합니다. 이렇게 우직하고 진득하지만, 유연성이 없는 것은 아닙니다. 나름의 기민함을 갖추고 있기 때문에 변화가 필요하면 변화를 받아들이고 새로운 시도를 합니다. 다만 급격한 변화는 다루기 어려워할 수 있습니다. 일정 범위 내에서의 유연함은 충분히 보일 수 있습니다.

인간관계

이 유형이 가진 장인 정신은 자신만의 세계를 구축하는 데에 유리합니다. 한 가지 길을 진득하게 고집하기 때문에 그 분야에는 통달할 수밖에 없습니다. 그래서 자신의 세계를 존중할 수 있는 사람과만 친해지는 경향이 있습니다. 자신을 이해하지 못하는 사람과는 친밀해지기 어렵습니다. 물론 적응력이 있기 때문에 조직 내에서 소통하고 중재하는 것을 어려워하지는 않습니다. 예의범절을 잘 지키고 꾸준함 덕분에 특히 윗사람에게 사랑받기 때문입니다. 그러나 가끔은 유연한 대처 대신 쓸데없는 고집을 피우는 것처럼 보일 수도 있기 때문에 조심해야 합니다. 따라서 승진 등의 이유로 높은 요직을 맡게 된다면 '꼰대'가 되지 않기 위해 더 유연해지도록 노력해야 합니다. 또한 너무 기존의 방식을 고집하지 않고 시간이 갈수록 새로운 요소를 가미해야 함을 주지하고 있어야 합니다. 이러한 유연성을 개발한다면 발전적 성향을 더욱 끌어올릴 수 있을 뿐만 아니라 인간관계에서도 원만함을 이어나갈 수 있을 것입니다.

우직한 장인형의 유명인

강경화(전 외교부장관), 로버트 다우니 주니어(미국 배우), 신민아, 이국종, 조여정

10

토(土)-여름:
충직한 헌신주의자형

사(巳)월(음력 4월)	오(午)월(음력 5월)	미(未)월(음력 6월) 생

❖ 키워드

#동지애 #지조 #믿음직스러움 #고집 #원리원칙

기본 성향

동료 의식과 충성심이 강합니다. 이는 예를 중시하는 화(火)의 기운이 지속과 유지의 힘인 토(土)를 만나 생긴 특징으로, 자신이 속한 집단이 지속될 수 있도록 보호하는 데에 관심이 많습니다. 따라서 자신이 옳다고 생각하는 환경과 일치하는 집단을 찾았을 경우, 그 집단과 자신을 동일시하고 무슨 일이 있어도 자신의 집단을 강하게 옹호하고자 합니다. 자기 사람과 자기편을 위해서는 무슨 일이라도 할 수 있는 사람입니다. 그래서 조직에 강한 충성심을 보이고 무리의식, 동지 의식이 강하게 드러나는 것입니다.

진로

조직이나 사회 시스템 유지를 하는 데 있어 뼈대 역할을 하는 것이 잘 어울립니다. 높은 충성심을 갖고 있으며, 원칙에서 벗어나지 않고 바른 길을 걷고자 하며 강한 자기 확신을 갖고 있기 때문에 원칙을 준수하며 조직의 질서, 사회 체계를 유지하기 위해 헌신하는 직업(군인, 판검사, 경찰 등)이 어울립니다. 회사에서도 그런 임무를 담당하는 부서 또는 직무를 수행한다면 잘 맞을 것입니다. 외모까지도 신뢰감을 준다면 아나운서도 잘 맞는 직업이 될 것 같습니다.

인간관계

이 유형은 타인과의 관계에서 선을 넘지 않고 예의를 갖추어 우호적이고 적절한 관계를 형성합니다. 이처럼 원칙과 신념을 중시하여 옳고 그름을 명확히 하는 태도는 신뢰감을 주겠지만 때론 너무 깐깐해서 불편하다는 평가가 따라올 수도 있습니다. 인간 사이에는 다양한 관계가 존재함을 기억하고 나의 태도 역시 관계의 특성에 맞춰 변화할 줄 아는 유연성을 잃지 않아야 합니다. 회사에서 하던 식으로 친구를 대할 수는 없으니까요. 그리고 회사나 조직을 선택할 때도 자신의 가치관과 맞는지 잘 살펴보고 선택하길 권합니다. 이 유형은 일단 어떤 조직에 몸을 담게 되면 조직의 이익과 자신의 가치관이 충돌할 경우 혼란에 빠지기 쉽기 때문입니다.

충직한 헌신주의자형의 유명인

릴리 로즈 뎁(미국 배우), 마크 주커버그, 버락 오바마, 허준이(수학자)

11

토(土)-가을:
논리적인 안정지향형

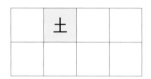

신(申)월(음력 7월)	유(酉)월(음력 8월)	술(戌)월(음력 9월) 생

❖ 키워드
#논리적 #분석적 #안정적인 삶

기본 성향

논리적이고 분석적입니다. 특히 지식을 다루는 분야에 특별한 감을 가지고 있습니다. 그래서 알고 있는 것을 응용하거나 활용하는 것에 능합니다. 이들은 기본적으로 안전을 추구합니다. 이는 신체적 안전이라는 의미보다 사회적 안정에 더 가깝습니다. 그러나 과거보다 발전한 미래를 추구하기 때문에 이들의 '안전'은 다른 사람들보다 더 높은 기준을 가지는 경우가 많습니다. 가령, 이들은 조직에 포함되는 것만으로 만족하지 않습니다. 조직 내에서 대체 불가한 개인이 되어 낙오의 위험에서 자유롭고자 합니다. 이러한 특성이 이들을 목표지향적인 인간으로 만듭니다.

진로

공부한 지식을 현장에 적극적으로 적용하는 분야에서 두각을 나타낼 수 있습니다. 이들은 조직의 성과를 위해 끊임없이 노력하고 헌신하며, 성과도 잘 내기 때문에 어떤 조직에서든 필수적인 인력으로 여겨지는 경우가 많습니다. 자신의 이익보다는 성과를 위해 노력하는 직군, 직무에 잘 어울립니다. 응급의료과 요원들, 항공우주 연구원들 등이 좋은 예일 것입니다. 그런데 이 모든 장점은 불안감이 없는 상황에서 발휘됩니다. 미래에 대한 불안감 없이 자신의 일에 집중하고자 한다면 자신의 가치를 알아주는 곳에서 헌신하는 것을 추천합니다.

인간관계

이 유형은 타인의 평가에 크게 개의치 않는 편입니다. 자신의 목적에 부합하는 사람을 가려서 사귀기 때문에 관계로 인한 스트레스를 별로 느끼지 않습니다. 이와 같은 목표지향적·결과중심적 사고방식은 은근하게 초조함과 불안감을 만들어내는데 대화에서 그런 부분이 드러나면 시니컬한 말투나 냉담한 분위기로 상대방에게 상처를 줄 수 있으니 주의해야 합니다. 결과나 성취 여부 등에는 신경을 쓰지 않고 오로지 즐거움만 추구해도 되는 취미 활동이나 편안한 친목 모임 시간을 자주 갖는 것이 도움이 될 것입니다.

논리적인 안정지향형의 유명인

기안84(만화가), 박세리, 수지, 이태석(천주교 신부), 전현무

12

토(土)-겨울:
능수능란한 리더형

해(亥)월(음력 10월)	자(子)월(음력 11월)	축(丑)월(음력 12월) 생

❖ **키워드**
#자원활용력 #계획적 #목표의식 #성취욕 #감수성

기본 성향

이 유형은 자신의 일을 꾸준히 열심히 하면서도 감성적인 면모
도 가지고 있어서 기계처럼 일을 하는 것과는 또 다른 모습을 보입
니다. 욕심이 많아 성공을 가장 우선시하고 자신의 선택을 미래에
도움이 되는 일로 채우는 철저한 성과주의자이기도 하지만, 부드러
운 인간관계를 유지하는 사교형이자 좋은 리더형입니다. 인적자원
을 활용하는 일에 필요한 요소를 두루 갖춘 사람이지요. 감성적인
측면과 결과적인 측면을 모두 잘 따지기 때문에 개개인을 잘 파악
함과 동시에 이익을 우선으로 두는 기업가 정신을 가지고 있습니다.

진로

팀을 이루고 그들을 이끄는 일에 탁월합니다. 축구감독 등 운동팀의 코치나 인사팀에서 일하기에 유리한 요소를 가지고 있지요. 팀을 구성하는 개인의 장단점을 잘 파악하여 적재적소에 활용함으로써 팀의 성과를 최대로 끌어올릴 수 있는 능력을 가지고 있습니다. 이러한 특성은 자신의 취향을 철저히 쫓는 문화 향유자로서의 정체성이 큰 부분을 차지하기 때문일 것입니다. 자신이 좋아하는 감각을 추구하기 때문에 다른 대체재로는 쉽게 만족하지 못합니다. 자신의 취향을 충족하기 위해서는 풍부한 물질적 토대가 필수적입니다. 이 유형이 경제적 이익에 집착하는 이유는 이익으로 번 돈을 쓰면서 즐기고 싶어 하기 때문입니다. 즉, 자신의 취향과 이득을 가장 중요한 가치로 두는 것이지요. 예술로 뛰어난 성과를 내고 큰돈을 버는 경우는 이 둘을 적절히 융합하여 활용한 경우일 것입니다. 자신의 취향을 정제하여 표현한 것으로 금전적 이득을 얻는 방식이지요. 따라서 이 유형은 작가 등 꾸준한 작업을 요하는 예술 분야에도 어울립니다.

인간관계

이 유형은 사회적 안정을 추구하면서도 정서적 지지를 받을 수 있는 핵심적인 인간관계나 집단을 필요로 합니다. 그래서 자신에게 도움이 되는 사람을 옆에 두고 '진짜 친구'와 '가짜 친구'를 구분하곤 하지요. '가짜 친구'와는 겉으로 매끄러운 관계를 가지지만, 이들이 실질적으로 의지하고 소통하고자 하는 부류는 아닙니다. 감정적으로 연결되고자 하는 욕구는 '진짜 친구'를 통해 해소합니다. 종종 의외로 남에게 무관심해 보이는 경우가 있는데, 바로 '진짜 친구'와

'가짜 친구'를 구분하는 특성 때문입니다. 이 유형은 감정적 과잉에 주의해야 합니다. 어떤 대상이나 일에 지나치게 감정적으로 반응해 성과주의적인 자신의 목표에 반할 정도로 그 대상을 위하거나 일에 매진한다면 미래에 힘들어질 수 있습니다. 즉, 적당히 선을 그을 수 있어야 합니다. 특히 사람들의 고민을 너무 많이 들어주면 에너지가 빠르게 소진될 수 있기 때문에 자신만의 경계를 파악해두어야 합니다.

능수능란한 리더형의 유명인

안정환, 해리 스타일스(영국 가수), 홍명보

13

금(金)-봄:
민첩한 해결사형

	金	

인(寅)월(음력 1월)	묘(卯)월(음력 2월)	진(辰)월(음력 3월) 생

❖ 키워드
#위기대응력 #순발력 #때때로 충동적

기본 성향

위기 상황에 뛰어난 대처 능력을 보여주는 유형입니다. 문제 해결력이 매우 발달했으며 똑 부러지는 스타일입니다. 그래서 침착하고 딱딱한 인상을 연상시킬 수 있겠으나 이들은 사실 매우 천진난만합니다. 평소에는 사람들 앞에서 엉뚱한 행동도 곧잘 하는 스타일이지요. 이와 같이 친절하면서도 여유가 있는 모습을 주변 사람들이 긍정적으로 호응해줍니다. 자신이 알고 있는 것을 나누는 일에 주저하지 않기 때문에 많은 사람들이 조언을 위해 찾아오기도 합니다. 그러면 뛰어난 문제 해결력을 발휘하여 사람들의 문제를 해결해줄 수 있는 답변을 제공하지요. 하지만 때때로 충동적인 성향이 드러나서 자제력을 잃을 수도 있습니다. 충동적 성향은 빠른 대응력과 직결되는 요소이기는 하지만 꾸준함이 필요할 때는 방해가 될 수 있습니다. 공부나 인간관계처럼 꾸준한 태도를 보여야 하는 분야에서는 충동을 억제하는 것이 중요하다는 점을 꼭 기억하세요.

진로

이 유형은 뛰어난 위기 대처 능력을 가졌고 빠르게 문제 해결책을 찾아내는 능력이 있습니다. 변화된 상황 또는 돌발 상황에서 적절한 대처를 해내기 때문에 빠르고 정확한 대응이 필요한 직무에서 일할 경우 이 유형의 장점이 더욱 빛을 발합니다. 응급의료인, 소방관과 같이 긴박한 상황이 발생하는 직무, 행사 진행자처럼 돌발 상황에 적절히 대응해야 하는 직무 등이 좋은 예시가 될 것 같습니다. 이와 같은 대처 능력은 문제를 빠르게 해결해줄 뿐만 아니라 환경 적응성도 높여주기 때문에 전문가로 성장하는 데 도움이 됩니다.

인간관계

이 유형은 자신이 무엇을 하고 싶은지 또는 무엇을 해야 하는지를 명확히 인지할 줄 압니다. 또한 자신에게 무엇이 부족한지, 자신이 무엇을 모르는지도 잘 찾아냅니다. 이처럼 냉정한 면을 가졌으면서도 사람들과는 소탈하게 잘 어울리려고 노력합니다. 농담도 잘하고 장난도 잘 치고 남들이 자신에게 그러는 것도 좋아하지만 그것이 때로는 스트레스가 되기도 합니다. 농담과 장난의 수위가 어느 정도여야 적당한지를 몰라서 자꾸 받아주다 보니 상처를 받게 되고 나중에는 갑자기 정색하는 태도를 보여줘서 서로 어색하게 만

드는 식이지요. 그러므로 소탈함으로 타인에게 다가가려는 마음을
조금 덜어내고 조심하는 태도, 선을 지키는 태도를 먼저 보여주는
것이 관계를 망가뜨리지 않는 좋은 방법이 될 것입니다.

민첩한 해결사형의 유명인

김제덕(양궁 선수), 무케시 암바니(릴라이언스 인더스트리 회장),
엠마 왓슨, 폰 카라얀(오스트리아 지휘자), 한혜진

14

금(金) - 여름: 디테일한 전문가형

	金	

사(巳)월(음력 4월)	오(午)월(음력 5월)	미(未)월(음력 6월) 생

❖ 키워드
#일벌레 #노력파 #성취욕 #열정

기본 성향

자신의 멋진 모습으로 인정받고자 하는 욕구가 강합니다. 하나의 분야에서 전문성을 획득하고 거기에 자부심을 느낍니다. 그리고 자기 관리도 철저히 합니다. 깔끔한 옷차림, 예의 바른 말투, 건강이나 체력 관리, 주변 환경 정돈 등 사소한 부분까지 디테일하게 관리합니다. 이는 사람들에게 좋은 인상으로 남고자 노력하는 것인데 반대로 부끄러운 모습을 보이고 싶지 않은 마음이라고 볼 수도 있습니다.

진로

이 유형은 노력으로 한 걸음 더 성장하는 사람으로 진로가 두 가지로 나뉩니다. 첫 번째는 스스로 기술을 익혀 특정 분야에서 실력을 인정받는 전문가가 되는 경우이고, 두 번째는 그런 전문가들을 지휘하는 관리자가 되는 경우입니다. 핵심 기술자로 성장하거나 또는 간부로 성장하여 조직의 인정과 신뢰를 받아 주요 사업에 투입되는 것이지요. 이 유형은 누가 시키지 않아도 스스로 찾아서 일을 하거나 공부하여 자신을 계발합니다. 어려운 문제를 만나도 포기하지 않고 노력을 통해 결국은 성취해낸다는 특징을 가지고 있습니다. 그래서 취업, 이직, 승진 등에 유리하며 항상 성장하는 모습을 보입니다.

인간관계

매사에 진지한 모습을 보이기 때문에 능청스러움과는 거리가 멀고 애교도 없는 편입니다. 두루두루 친하다기보다 가까운 지인하고만 만나는 편입니다. 친구를 가려 사귀기 때문입니다. 자신이 인정한 몇몇 친구들에게만 마음을 터놓는 스타일이라고 할 수 있습니다. 적극적으로 인맥을 넓히려는 노력을 하지 않더라도 최소한 사람이 다가올 여지는 늘 남겨두길 바랍니다. 그래야 나를 알아봐주는 사람들이 늘어날 테니까요. 스스로를 너무 채찍질하는 듯한 성향은 주변 사람들에게 스트레스를 주거나 유난스럽게 느껴질 수도 있으니 자신을 몰아세우는 강박을 완화시키시면 인간관계가 편해지는 데 도움이 될 것입니다.

디테일한 전문가형의 유명인

링고 스타(비틀스), 안젤리나 졸리, 이부진, 제이플라(유튜버)

15

금(金)-가을:
성실한 분석가형

	金	

신(申)월(음력 7월)	유(酉)월(음력 8월)	술(戌)월(음력 9월) 생

❖ 키워드

#성실 #규범중시 #논리적 #낯가림 #거리두기

기본 성향

끊임없는 노력과 한결같은 성실함이 이 유형의 가장 큰 무기입니다. 그래서 한 번 목표를 설정하면 어떻게든 목표 지점까지 가는 끈기를 보입니다. 또한 규칙을 존중하기 때문에 약속이나 규범을 잘 지킵니다. 지나친 자유는 이들을 혼란스럽게 합니다. 걱정이 앞서는 편이기 때문에 어느 정도의 틀과 지침이 필요합니다. 그래서 어떤 일을 하더라도 기획 단계부터 목표와 예상 결과를 생각하고 나서 일을 시작합니다.

진로

외골수로 자신의 목표를 추구하는 성향이기 때문에 연구원이나 교수와 같은 직업이 어울립니다. 규칙을 존중하고 규범을 잘 지키는 성향은 가설을 세우고 그에 따라 실험을 구상하는 연구 방식과 닮았습니다. 가설은 맞을 수도, 틀릴 수도 있지만 연구의 틀을 제공해줍니다. 마찬가지로 이들에게는 목표가 작업의 틀을 제공해준다고 할 수 있습니다. 그래서 불가능하다고 판단되는 목표에는 굳이 도전하지 않습니다. 현실적으로 따져봤을 때 실패할 확률이 높기 때문입니다. 하지만 한번 설정한 목표를 달성하기 위해서는 잘하지 못하거나 하고 싶지 않은 일도 묵묵히 해내지요. 그래서 관료적인 조직 시스템을 선호합니다. 불확실한 상황보다 틀이 정해진 안정적인 길을 가는 것에 적합하다고 할 수 있습니다.

이처럼 고지식한 면모가 있기 때문에 융합 분야에서 일하기에는 어려울 수도 있습니다. 생각과 걱정이 너무 많기 때문에 현실적으로 가능한지 여부를 따지는 과정에서 수많은 경우의 수를 검토하다 보니 행동력이 부족합니다. 그래서 모험을 하는 것을 꺼리며, 확실하고 보장된 결과를 향해 가는 것을 선호합니다. 그 과정에서 기존의 지식을 최대한 습득하고자 합니다. 아는 것이 굉장히 많기 때문에 논리적인 토론에 뛰어납니다. 적절한 근거를 들어 어떤 현상을 설명하는 등 분석에도 뛰어난 모습을 보입니다.

인간관계

이들은 자신의 분야에 굉장히 몰입하기 때문에 인간관계를 크게 신경 쓰지 않습니다. 새로운 사람과 어울려 지낼 생각이 없고, 통하는 친구들끼리 오랫동안 깊은 우정을 지속합니다. 그래서 다른 유형들보다 인간관계가 좁습니다. 목표를 위해 자신의 대부분을 투자하기 때문에 종종 가정이나 친구에게 소홀해지는 경우도 생길 수 있습니다. 그래서 일에 매몰되어 있기보다 의식적으로 사람들과 어울릴 수 있는 즐거운 취미 생활을 찾아볼 필요가 있습니다.

성실한 분석가형의 유명인

맷 데이먼, 박수홍, 임요환(프로게이머), 정의선, RM(방탄소년단)

금(金)-겨울: 지혜로운 선지자형

	金		

해(亥)월(음력 10월)	자(子)월(음력 11월)	축(丑)월(음력 12월) 생

❖ 키워드
#통찰력 #결과예측력 #차도남 #차도녀

기본 성향

선지자와 같이 뛰어난 예측력을 가지고 있습니다. 겨울의 수(水) 기운 덕분에 직감이 발달했기 때문입니다. 하지만 무턱대고 무모하게 감을 따라가는 것은 아닙니다. 일간의 금(金) 기운은 분석적이고 전문적인 성향을 더해주기 때문에 이들은 명확한 근거를 바탕으로 불확실한 미래를 예측합니다. 이들은 어떤 일을 하기 전에 그 일의 본질을 파악하고 결과를 미리 예측합니다. 결과가 본질이나 목표에 못 미칠 경우 시도하지 않습니다. 그래서 다소 만사를 귀찮아하는 것처럼 보일 수 있습니다.

진로

미래를 예측하는 능력이 뛰어나기 때문에 빅데이터 등을 활용해 통계를 분석하는 분야에 적합합니다. 새로운 사업을 개발하는 기획 과정에서도 필요로 하는 인재이지요. 시장 조사를 바탕으로 다음 사업이 성공할 수 있도록 기획하는 일에 이들의 감이 유용할 수 있습니다. 하루가 다르게 바뀌는 주식시장 등 금융권에서도 뛰어난 감을 보여줄 수 있습니다. 실용성과 합리성, 효율을 강하게 추구하고, 시행착오를 최소화하는 습성을 가지고 있기 때문입니다.

최소한의 노력으로 최대의 결과를 얻기 위해 비효율적인 작업을 쳐내는 이들의 모습이 다른 사람들이 보기에는 아무것도 안 하는 것처럼 보일 수도 있습니다. 하지만 이들에게는 그것이 굳이 할 필요 없는 일로 보이기 때문에 하지 않는 것뿐입니다. 일을 할 때는 답답한 것을 싫어하기 때문에 꼭 필요한 것만 남기고 빠르게 일을 해결하고 결정할 수 있는 상황을 원합니다. 그래서 사족이나 군더더기가 없는, 핵심에 바로 도달할 수 있는 상황을 선호합니다. 불필요하다고 여기는 형식적인 과정을 지루해합니다.

인간관계

이들은 발달한 감으로 많은 것들을 사전에 예측하기 때문에 다소 냉소적으로 보일 수 있습니다. 그러나 사람들은 이들에게 종종 도움을 요청하곤 합니다. 그럴 때면 막상 귀찮아하는 것 같아도 속으로는 우쭐함을 느끼기도 합니다. 이들은 말수가 적고 자신의 속을 쉽게 드러내 보이지 않습니다. 이렇게 매사에 무미건조해 보이지만, 막상 놀 때는 신나게 놀 수도 있습니다. 이들이 차갑게 보이는 이유는 굳이 할 필요 없다고 생각하는 일을 해야 하는 상황에서 시니컬한 반응을 보이기 때문입니다. 그래서 편안한 사람과 그렇지 않은 사람을 대할 때의 태도 차이가 큽니다. 굳이 속내를 드러낼 필요가 없는 사람에게는 아주 냉정해 보일 수 있습니다.

감이 발달했다는 것은 직접 무언가를 하지 않고 머릿속으로만 따져보아 결과를 예측하는 습관이 있다는 것입니다. 그래서 실제로 시도했을 때 얻을 수 있는 것들을 놓칠 수 있습니다. 예측을 지나치게 믿어서 모든 것을 감으로 해결하려 한다는 부작용이 생길 수도 있습니다. 이럴 때 몸을 많이 움직이는 취미인 스포츠를 즐기며 머리를 비우는 시간을 가지면 좋습니다.

지혜로운 선지자형의 유명인

김연경, 스티븐 호킹, 정주영, 제프 베조스(아마존 창업자), 한강(소설가)

17

수(水)-봄:
다정한 조력자형

인(寅)월(음력 1월)	묘(卯)월(음력 2월)	진(辰)월(음력 3월) 생

❖ 키워드
#아이디어뱅크 #창의적 #정이 많음

기본 성향

새로운 시작이 쉬운 목(木) 기운이 직감적인 수(水) 기운을 만나 상상력이 풍부하며 아이디어가 기발한 사람입니다. 직관이 발달하여 눈치가 빠르기 때문에 상대방의 기분이나 숨겨진 속뜻을 잘 유추합니다. 정이 많은 편으로 사람들에게 좋은 협력자가 되어줍니다. 인간미가 넘치고 호감형의 성격을 가진 경우가 많습니다. 그러나 사람들로부터 호감을 얻는 것에 크게 흥미를 두지는 않습니다. 오히려 상대방을 신경 쓰면서까지 불필요한 감정 소모를 하지 않습니다. 새로운 것을 처음 접하더라도 감을 빨리 잡고, 일 처리에 효율적인 방법도 빨리 찾아낼 줄 알지요. 하지만 싫증을 금방 느끼는 편이기 때문에 꾸준히 하기 위해서는 강력한 동기가 필요합니다.

진로

이 유형은 정이 많기 때문에 사람을 돌보고 챙기는 일에 능합니다. 그러면서도 감정적으로 교감할 줄 알기 때문에 간호사, 심리상담사와 같은 직군에 잘 어울립니다. 또한 타인에게 무언가를 설명하거나 가르치는 직무도 잘할 수 있습니다. 흥미나 목적이 생겨나면 꾸준한 탐구도 할 수 있기 때문에 연구, 발명, 개발 직무도 잘 맞습니다. 글을 쓰는 등의 창작 활동도 곧잘 할 수 있습니다. 자신의 기분에 따라 결과물이 좋고 나쁨의 편차가 크므로 좋아하고 흥미를 느끼는 분야를 찾아내어 직업을 선택하는 것이 무엇보다 중요합니다.

인간관계

타인과의 교감 능력도 좋고 농담도 잘하며 사람들과 어울리는 것도 능숙하지만, 자기 생각에 잘 빠지기도 합니다. 속마음을 감추려 애쓰는 유형은 아니라서 감정이 표정 등을 통해 겉으로 잘 드러나는 편이고, 배신감을 느끼거나 감정이 한번 틀어지면 관계가 완전히 깨지기도 합니다. 이 유형은 사람과의 관계에서는 항상 실리를 추구할 필요가 있음을 기억해야 합니다. 그래야만 한순간의 감정적 행동으로 인해 뒤늦게 후회하는 일을 줄일 수 있습니다.

다정한 조력자형의 유명인
류현진, 법륜스님, 옥주현, 이강인

18

수(水)-여름:
활달한 낙천주의자형

사(巳)월(음력 4월)	오(午)월(음력 5월)	미(未)월(음력 6월) 생

❖ 키워드
#낙천적 #자기애 #자기주장

기본 성향

인생을 즐겁게 사는 사람들입니다. 여름의 화(火) 기운은 사람을 끌어 모으고, 일간의 수(水) 기운은 즐거움을 추구하는 특성을 가지고 있기 때문입니다. 그래서 이 유형은 친구가 많습니다. 한마디로 무리를 형성해서 즐겁게 시간을 즐길 줄 아는 사람입니다. 활달하고 적극적이며 활동적이기 때문에 다양한 활동을 통해 즐거움을 얻습니다. 망설임이나 걱정 때문에 결단을 내리지 못하거나 자신이 보이는 방식에 신경 쓰면서 불안해하지 않습니다. 남의 눈치를 보는 성격이 아니기 때문입니다. 이들은 상대방의 기분과 반응에 일희일비하지 않고 자신이 생각한 적정선을 지키는 범위 안에서 자유롭게 행동합니다. 이는 감정 조절에 능숙하고 예의 바른 특성 덕분입니다. 평소에 행동하던 대로 행동하면 웬만하면 사람 간의 문제가 일어나지 않기 때문에 인간관계에서 스트레스를 덜 받는 스타일입니다.

진로

뛰어난 상황 판단과 대처 능력을 가지고 있어 조직 구성원들은 이들의 힘 있는 목소리를 따르게 됩니다. 확신 있는 모습을 보여줌으로써 팀을 안정적인 분위기로 유지하는 리더의 자질도 가지고 있지요. 또한 핵심을 짚는 화법 역시 조직 관리에 큰 도움이 됩니다. 에두르거나 불명확한 표현은 피하고 누구나 이해할 수 있는 말로 명확히 표현하기 때문에 사람들과 원활하게 소통합니다. 그래서 팀을 이끌어 목표를 잘 달성해내는 구심점 역할을 잘해냅니다. 이와 같은 성향은 사업기획 직무, 인사담당 직무, 기자 등의 직무에 잘 어울립니다. 또한 신뢰감을 주는 프로젝트 매니저의 임무를 맡아 장기간에 걸친 프로젝트도 잘 수행할 수 있습니다. 상황 판단이 빠른 만큼 길을 찾는 것도 빠르고 중간에 헤매는 일도 잘 없습니다. 목적에 충실하기 때문에 외부의 자극에 시선을 빼앗기지 않고 현재의 과제에 집중하는 편입니다. 그래서 해낼 수 있다는 자기 확신이 강하다는 장점을 가지고 있습니다. 이러한 자기 확신은 현대사회에서 자신을 인적자원으로 성장시키는 데 큰 도움이 됩니다.

인간관계

자신감이 지나쳐서 자기 확신이 너무 강해지면 자기중심적인 판단을 하게 됩니다. 자기감정이나 자기 생각에 빠져서 타인의 상황을 기다리지 않고 마음대로 일정을 통보한다거나 의견을 귀담아 듣지 않는 태도를 보일 경우 상대는 무시당하고 있다는 느낌을 받을 수도 있습니다. 이 유형은 자아도취에 빠지면 상대방의 감정이나 상황을 이해하는 공감 능력이 다소 부족해지기 때문입니다. 상대방의 입장을 성급히 지레짐작하지 않고 경청하는 습관을 들인다면 이런 지점들을 보완할 수 있을 것입니다.

활달한 낙천주의자형의 유명인

오타니 쇼헤이(일본 야구 선수), 조니 뎁, 톰 크루즈, 폴 매카트니, 프리앙카 초프라(인도 배우)

19

수(水)-가을:
조용한 리더형

신(申)월(음력 7월)	유(酉)월(음력 8월)	술(戌)월(음력 9월) 생

❖ **키워드**
#재능기부 #분석적 #컨설팅

기본 성향

자신이 가진 재능을 잘 베풀어주는 사람으로 조직이나 모임에서 선생님과 같은 역할을 맡곤 합니다. 담임선생님이 한 학급을 1년간 이끌어주는 것처럼 자신이 맡은 사람들을 잘 이끌어줍니다. 가을의 금(金) 기운은 전문성을 담고 있고 일간의 수(水)는 사람을 챙깁니다. 둘이 섞여서 사람의 능력을 간파하여 좋은 실적을 내도록 유도하지만 능력 부족이나 서투름까지 감성적으로 받아주지는 않습니다. 분석적·전략적 성향 덕분에 실수가 적은 편입니다. 성급하게 일을 그르치거나 뒤늦게 일을 수습하는 일은 그다지 없습니다.

진로

면밀한 분석과 이성적으로 판단으로 누군가, 혹은 무언가를 성장시킬 수 있는 전략을 짜는 일에 재능이 있습니다. 전문 지식으로 사람들을 잘 이끌어주는 운동 코치, 상담사, 강사 등의 직무가 잘 맞습니다. 사업의 수익 극대화를 위한 전략을 수립하거나 학생의 성적 향상을 위한 지도 방안을 구성하는 등 자신의 재능을 활용하여 대상을 발전시키는 일에 능합니다. 재능을 펼치기 위해서는 재능을 준비하는 것이 선행되어야 합니다. 이렇게 미리 획득한 노하우를 펼쳐냄으로서 전문성을 인정받는 유형입니다.

인간관계

수(水)의 기운은 좋고 싫음을 이성적으로 분명하게 인지하고 있음에도 다소 감성적인 판단을 내릴 때가 있습니다. 이들은 손해를 피하려 하기 때문에 관계에서도 이성적인 판단을 내리고자 합니다. 하지만 감성과 이성의 딜레마에 빠져 인간관계에서 손실을 겪을 수 있습니다. 정이 가지 않는다는 이유로 낙오자를 만들면 반대로 자신이 외톨이가 될 수 있습니다. 자신의 지도를 잘 따라오지 못하는 사람도 싫은 감정을 지우고 애정을 주고 끝까지 잘 챙겨서 함께 갈 수 있는 방법을 찾아야 합니다.

조용한 리더형의 유명인

마윈(알리바바 창업자), 방시혁, 봉준호, 빌 게이츠, 워런 버핏

20

수(水)-겨울:
예민한 감성주의자형

해(亥)월(음력 10월)	자(子)월(음력 11월)	축(丑)월(음력 1월) 생

❖ 키워드
#실질적 #현실적 #예민함 #감수성 #차분함 #정적

기본 성향

이들은 자신의 행복을 강하게 추구합니다. 수(水)의 기운이 두 번 겹쳐졌기 때문에 실질적인 것을 원하는 욕구가 강합니다. 그래서 자신을 기쁘고 행복하게 하는 일이나 집, 돈 등 자산에 관심이 많습니다. 이를 극대화하고자 움직이기 때문에 대가 없이 무언가를 해주는 일은 거의 없습니다. 어떤 일을 하는 데에 있어서는 늘 타당한 이유가 있는 사람입니다. 이들은 감수성이 아주 풍부하기 때문에 굉장히 예민합니다. 이런 예리함은 뛰어난 이해력으로도 이어집니다. 보고 듣는 것만으로도 이들은 많은 것을 간파하고 예상합니다. 핵심적인 부분을 금방 캐치하고 불확실한 미래를 직감으로 예측합니다.

진로

이 유형은 작은 변화도 금방 발견하고 사람들의 시선만으로 속마음을 기민하게 알아챕니다. 몸짓 같은 비언어적 표현에서 의도를 읽어내는 일에 능하기 때문에 사람을 예리하게 간파합니다. 이런 성향 덕분에 자신에게 오는 실질적인 대가가 없이는 움직이지 않는 자기중심적인 특성이 일정 부분 중화됩니다. 타인의 의견과 생각, 그리고 충고까지 잘 수용하는 성향도 공존하기 때문입니다. 만일 상대방의 더 타당한 주장을 수용하는 것이 자신의 의견을 고수하는 것보다 훨씬 이득이라고 생각한다면 충분히 자신의 의견을 바꿀 수 있습니다. 또한 예리한 시선을 갖고 있기 때문에 시상을 분석하고 전망하는 것처럼 직관이 필요한 분야에서 능력을 발휘합니다. 사람을 파악하는 일에서도 마찬가지입니다. 작은 상호작용으로도 상대방이 원하는 것을 금방 파악하기 때문에 감정적 교류에 특화되어 있습니다. 그래서 다양한 사람들과 소통해야 하는 서비스업에 적합합니다.

인간관계

이와 같은 예민함은 장점으로 작용할 수도 있지만, 미다스 왕의 손처럼 없어졌으면 하는 특성이 될 수도 있습니다. 예민한 만큼 주위의 자극에 강하게 영향을 받기 때문에 혼자 힘들어하는 경우가 많습니다. 특히 사람들과의 교류에서 자신이 읽어낸 것을 적절히 활용하지 못하면 겉과 속이 다른 상대의 모습에 위축될 수 있습니다. 인간관계에서 금방 피로함을 느껴 사람이 귀찮아지거나 싫어질 수도 있습니다. 물론 기본적으로 관계에 크게 흔들리지 않고 매사에 동요하지 않는 차분하고 정적인 반응을 보이기 때문에 인간관계에 집착하지 않습니다. 상대방이 부름에 응답하지 않는다면 미련 없이 포기할 줄도 압니다. 하지만 사람을 중시하고 정을 잘 주는 특성이 지나친 부담이 되는 경우도 있습니다. 그래서 사람들과 적당한 거리를 유지하고 너무 감정적으로 애착하지 않을 수 있는 방법을 익히는 것이 좋습니다.

예민한 감성주의자형의 유명인
마일리 사이러스(미국 가수), 에마뉘엘 마크롱(프랑스 대통령), 박진영, 제니(블랙핑크), 황석영(소설가)

운은 타고나지만
운명을 만들어가는 것은 나 자신입니다

몇 년 전 홍대에서 상담을 할 때의 일입니다. 행색이 남루한 한 노인이 상담소에 들어왔습니다. 당연히 구걸을 할 줄 알았는데 그 노인은 제 옆의 상담 선생님 앞에 앉아서 구겨진 돈을 꺼내며 상담을 받고 싶다고 말했습니다. 그는 이런 질문을 던졌습니다. "선생님, 저는 음악을 하는 사람인데요, 제가 언제쯤 가수로 성공할 수 있을까요? 과연 빛을 볼 날이 죽기 전에 찾아올까요?" 그의 앞날이 너무 궁금했던 저는 몰래 그 사람의 사주를 풀어봤습니다. 사주에는 과거에 그가 원하는 운이 들어왔으나 당시의 그가 꿈을 포기하고 아무것도 하지 않은 것으로 나왔습니다. 뒤늦게 자신의 꿈을 위해 살기로 결심했지만 상황은 계속 어렵기만 했고, 앞으로의 운에는 가수로 성공할 운이 보이지 않았습니다.

누구에게나 살면서 좋은 운이 오는 시기가 있습니다. 나쁜 운만 들어오는 사람은 절대 없습니다. 중요한 것은 그러한 때를 알고, 그때에 걸맞게 행동하는 것입니다. 농사에 비유해보겠습니다. 어느 해에는 날씨를 비롯해 모든 조건이 완벽하게 맞아떨어져서 땅에 씨앗을 그저 뿌리기만 해도 다른 해보다 몇 배나 더 많은 열매를 수확할 수 있습니다. 이와 반대로 어떤 해에는 예상치도 못한 태풍이 불어 닥쳐서 그동안 정성껏 키운 작물이 모두 죽어버리기도 하지요. 이렇듯 운이 좋을 때는 작은 노력으로도 큰 결실을 얻을 수 있고, 반대로 운이 나쁠 때는 아무리 노력을 해도 되는 일이 없기도 합니다.

그런데 운이 좋은 해의 봄에 씨앗을 뿌리지 않는다면 어떤 일이 벌어질까요? 아마도 가을에 수확할 만한 것이 없을 것입니다. 반대로 운이 나쁜 해임을 알았다면 어떻게 하는 것이 좋을까요? 애써 씨앗을 뿌릴 필요가 없을 것입니다. 또는 만반의 대비를 할 수도 있지요. 즉, 명리학을 통해 운의 흐름을 예측하는 것도 중요하지만, 그 예측을 토대로 앞으로의 계획을 현명하게 세우고 그에 맞춰 행동하는 것도 중요합니다. 적절한 때를 모르면 좋은 운이 왔을 때는 아무 것도 하지 않고 있다가, 나쁜 운이 왔을 때 헛발질하기도 합니다. 알면서도 하지 않는 것보다, 모르는데 하는 것이 더 위험할 수도 있습니다. 우리가 사주명리학을 배워야 하는 이유입니다. 사주명리학은 동양 문화권의 세계관이 응축된 깊고 심오한 철학인 동시에 우리의 삶을 더 나은 방향으로 운용하게끔 도와주는 삶의 기예입니다. 또한, 세상의 변화를 알아채고 예측하는 데에 큰 도움을 주는 실용적인 도구입니다.

만약 이 책을 통해 사주명리학에 관심이 생겼다면, 사주명리학 공부에 시간을 투자해보시길 권합니다. 나 자신은 물론이고, 나를 둘러싼 환경, 내 주변의 사람들을 사주명리학이라는 프레임을 통해 들여다보고, 그것으로 깨닫게 된 바들을 적극적으로 활용해보시길 바랍니다. 실생활에서 사주명리학을 다방면으로 활용하다 보면 세상을 바라보는 제3의 눈이 점차 또렷해질 것입니다.

물론 공부가 깊어질수록 사주명리학에 대해 배울 것들이 점점 더 많아지는 것도 사실입니다. 사주명리학의 사상적 기틀은 동양철학의 개념에서 비롯되었고, 사주명리학의 계산 체계는 중국 천문학과 점성학에서 기원했습니다. 여기에 더해 당나라 이전부터 실크로드를 통해 유입된 서역의 천문학과 점성술 개념까지도 더해져 있습니다. 사주명리학은 갑자기 만들어진 것이 아니라 당나라 때에 집대성되고 완성되었기 때문에 당시에 작성된 명리학 고전들을 보면 아주 기본적인 내용들은 전부 빠져 있습니다. 당시에는 이미 모든 사람들이 다 아는 내용이었기 때문에 책에 적지 않은 것이지요. 이것은 마치 수학의 정석에서 더 이상 덧셈 뺄셈을 설명하지 않는 것과 같습니다. 그러니 사주명리학 공부에 심도가 더해지려면 동양철학에 대한 이해는 물론이고 서양철학에 대한 이해까지도 뒤따라야 합니다. 하지만 알아야 하는 것이 많아지는 만큼 그것들을 두루 이해했을 때 도달할 수 있는 경지는 굉장합니다.

지난 10여 년간 제가 자문 역할을 수행해온 단골 고객들의 경우만 살펴봐도 사주명리학을 공부하면서 인생의 퀀텀 점프를 이루신 분들이 많습니다. 이 책을 읽고 사주명리학의 세계에 입문하실 여러분들도 충분히 그렇게 되실 수 있습니다. 다만, 그러기 위해서는 아는 데서 그치지 않고 자신이 알게 된 바를 바탕으로 전심을 다해 행동할 줄 알아야 합니다. 운은 타고나는 것이지만, 그 운을 활용해서 자신의 운명을 만들어내는 것은 다름 아닌 바로 나 자신이기 때문입니다.

더불어서 이 말을 덧붙이고 싶습니다. '결과는 나의 것이 아니다.' 이 말은 인연이 되어 만나게 되었던 분 중 현재 심리 상담가로 활동 중이신 이서원 작가님께서 하셨던 말씀입니다. 자신이 원하는 것을 위해 열심히 노력을 한다고 해도 그 결과가 꼭 내가 원하는 대로 나오는 것이 아님을 받아들여야 한다는 뜻입니다. 저는 명리학에서 운을 바라보는 시각도 이와 같아야 한다고 생각합니다.

나에게 합격할 운이 있다 해도 언제나 합격하는 것은 아닙니다. 왜냐하면 나보다 더 강한 합격운을 가진 사람과 경쟁한다면 내가 탈락하는 것이 당연한 이치이기 때문입니다. 그러므로 다만 내가 해야 할 일은 합격을 위해 필요한 준비를 철저히 하는 것뿐입니다. 마치 전쟁에 나가는 장수처럼 함께 참전하는 병사들의 사기도 끌어올려주고, 미리미리 훈련도 시키고, 전투에 필요한 다양한 전략과 대응책을 구상하는 등 이기기 위한 최선의 대비를 하는 것이지요.

하지만 전장에 나간 모든 장수가 승리하지는 않습니다. 누군가는 이기고, 누군가는 패배합니다. 이는 내 노력과 운, 그리고 상대방의 노력과 운이 충돌해 더 강한 쪽이 이기는 것일 뿐입니다. 누구나 승리와 성취를 원합니다. 하지만 그것들을 거머쥐지 못했을 때도 낙담하지 않고 다시 또 앞으로 나아가려면 결과에 상관없이 내가 최선을 다해 도전하고 준비하는 과정이 필요합니다. 그렇다면 설령 승리하지 못했더라도, 나에게 운이 따르지 못했더라도 나의 최선은 나의 역사로 남았으니 덜 쓰라리고 덜 아쉬울 것입니다. 그리고 나면 결과가 무엇이든 수용하는 열린 마음도 자연스레 생겨납니다.

내 운의 흐름을 예측해 내가 할 수 있는 일들을 적극적으로 행하기. 그리고 결과가 어떻게 나오든 겸허한 마음으로 수용하기. 오랫동안 사주명리학 공부를 하면서 지식의 범위가 넓어지는 와중에도 사주명리학의 가르침은 이 두 가지의 본질에서 벗어난 적이 없었습니다. 이처럼 멈추지 않고 계속 흘러가되 순리를 따른다면 여러분들 모두 분명히 저마다의 운의 흐름에 올라타 순행하시는 삶을 살아나가실 수 있으리라 생각합니다.

이 책이 여러분의 더 나은 미래, 더 행복한 미래의 서막이 되었으면 좋겠습니다.

감사의 글

《내 사주는 내가 본다》의 초안을 처음부터 끝까지 꼼꼼히 읽고 상세한 의견을 남겨주신 구경배, 김고은, 김수영, 김수정, 김유정, 김학길, 손윤영, 이한아, 임정희, 임종만, 한지민 님께 진심 어린 감사를 전합니다.

책을 만드는 과정에서 다양한 의견을 나눠주신 김선아, 김수진, 김재연, 김주희, 김채아, 류하영, 박보연, 신혜영, 안세은, 양지영, 유은정, 이근주, 이지은, 전예린, 정유경, 채지원 님께도 감사드립니다.

내 운명은 내가 본다 명리학편

내 사주는 내가 본다

초판 1쇄 발행 2023년 6월 19일
초판 3쇄 발행 2023년 11월 30일

글 알버트
기획 골든리버
편집 한아름
디자인 섬세한 곰
마케팅 허경아 이성재 강건우

발행인 정회도
발행처 소울소사이어티
출판사 등록일 2020년 7월 30일

이메일 soul-society@naver.com
카카오톡채널 소울소사이어티

웹사이트 soulsociety.kr
인스타그램 @soulsociety.official
블로그 blog.naver.com/soul-society
유튜브 youtube.com/soulsocietykr

ⓒ 알버트, 2023
값 18,000원
ISBN 979-11-974103-7-6 03180